Theodor   Hertzka

Eine Reise nach Freiland

Theodor   Hertzka

Eine Reise nach Freiland

ISBN/EAN: 9783337358938

Hergestellt in Europa, USA, Kanada, Australien, Japan

Cover: Foto ©Andreas Hilbeck / pixelio.de

Weitere Bücher finden Sie auf **www.hansebooks.com**

Eine
Reise nach Freiland.

Von
Theodor Hertzka.

———————————

Leipzig
Druck und Verlag von Philipp Reclam jun.

Vorwort.

Zunächst das Geständnis, daß dieses Büchlein eine Tendenzschrift im schlimmsten Sinne des Wortes ist. Unter dem Deckmantel der Unterhaltung und Belehrung will sie den Leser nicht bloß für eine bestimmte Meinung, sondern geradezu für bestimmte Handlungen gewinnen, sie hat es nicht bloß auf seinen Geist und sein Herz, sondern auf seine Entschlüsse und seinen Geldbeutel abgesehen.

Wohl dürften die meisten — an diese Stelle angelangt — mit überlegenem Lächeln sich sagen, der allzu gewissenhafte Autor hätte diese Warnung sparen können; die Gemüter sowie die Geldbeutel seien heutzutage viel zu gut verwahrt, als daß es noch so aufdringlicher Tendenz leichthin gelingen könnte, sich ihrer zu bemächtigen. Wenn ich hinzufüge, daß das Unternehmen, zu welchem ich thatkräftige Mitwirkung durch diese Schrift gewinnen will, nicht mehr und nicht weniger ist, als die Schaffung eines Gemeinwesens der socialen Freiheit und Gerechtigkeit, d. i. eines solchen, welches jedermann den vollen und ganzen Ertrag der eigenen Arbeit bei unbedingter Wahrung seines freien Selbstbestimmungsrechtes gewährleisten soll, dann wird wahrscheinlich besagtes überlegene Lächeln eine leise Beimischung von Mitleid erhalten, und wenn ich vollends gestehe, daß dieses Eldorado in den Hochlanden Afrikas just unter dem Äquator geplant ist, so dürfte es wohl wenige geben, welche die Zumutung, sie könnten derart überspannte Phantasien ernsthaft nehmen, nicht als beleidigenden Zweifel in ihre Bildung, in ihren gesunden Menschenverstand, ja in ihre Zurechnungsfähigkeit auffassen würden. Der Autor möge nur ruhig sein, so höre ich sie ausrufen; Utopien dieser Art liest man — falls sie unterhaltend geschrieben sind — um sich über eine müßige Stunde hinwegzuhelfen, und damit holla!

Aber der verständige Leser irrt! Ich spreche aus Erfahrung! Dieses Büchlein ist nämlich nicht das erste, das ich zu gleichem Zwecke geschrieben. Vor vier Jahren veröffentlichte ich „Freiland, ein sociales Zukunftsbild", von welchem er vielleicht dunkle Kunde bereits vernommen. Nun denn, die bisher erschienenen neun deutschen und zahlreichen fremdsprachlichen Auflagen dieses Werkes verlockten tausende und abertausende von Männern und Frauen aus allen Teilen der bewohnten Erde und aus allen Ständen, vom reichsunmittelbaren Fürsten bis zum einfachen Arbeiter zu dem Entschlusse, auszuführen, was in ihm geschildert ist; in achtundzwanzig Städten Europas und Amerikas haben sich Vereine zum Zwecke der freiländischen Propaganda gebildet, Gelder wurden zur Verfügung gestellt, eine Vereinszeitschrift[1] gegründet, an der ostafrikanischen Küste sind der Gesellschaft zur Anlage von Etappenstationen geeignete Ländereien geschenkt worden und alle Vorbereitungen zu praktischer Inangriffnahme des großen Werkes sind im Zuge.

Und die Erklärung dieses seltsamen Unterfangens, die Traumgebilde eines Buches zu verwirklichen? Sie liegt darin, daß dieses Traumgebilde den Stempel höchster innerer Wahrhaftigkeit trägt, daß es buchstäblich verwirklicht werden kann, sofern sich nur eine genügende Anzahl thatkräftiger, von Mitteln nicht allzusehr entblößter Menschen in diesem Entschlusse zusammenfindet und daß damit vollbracht wäre, was Jahrtausende hindurch den edelsten Geistern unseres Geschlechts als Ziel all ihres Denkens, Kämpfens und Leidens vorgeschwebt. Der Verfasser von „Freiland" maßt sich nicht an, weiser, scharfsinniger oder mutiger zu sein als diese großen Vorfahren, indem er zur That machen will, was jene bloß ersehnten; aber er zeigt, daß und warum nunmehr möglich, ja notwendig geworden, was im bisherigen Verlaufe der menschlichen Entwickelungsgeschichte unmöglich gewesen. „Freiland", so behauptet er, ist nichts anderes, als das Schlußkapitel jenes großen Erlösungswerkes, an welchem die Menschenfreunde aller Generationen mitgearbeitet.

Für diese erlösende That neue Helfer zu gewinnen, das ist die ausschließliche Absicht auch des vorliegenden Büchleins. Der Leser wird darin nach Freiland geführt, als ob es schon bestände, in der Erwartung, daß die Einrichtungen, die ihm dort vor das geistige Auge treten, den Entschluß in ihm erwecken, das Seinige zu möglichst rascher und großartiger Verwirklichung dieses Gemeinwesens der Freiheit und Gerechtigkeit beizutragen. In welcher Weise diese Verwirklichung vor sich gehen soll, oder vielleicht schon vor sich geht — denn möglicher-, ja wahrscheinlicherweise sind die ersten freiländischen Pioniere bereits unterwegs, wenn die „Reise nach Freiland" die Presse verläßt —, muß in meinem oben erwähnten früheren Werke[2] nachgelesen werden; nur so viel sei hier nochmals versichert, daß der äußere Schauplatz wie die innere Begründung der im nachfolgenden geschilderten, überaus einfachen Begebenheiten in allen Stücken der nüchternsten Wahrheit entspricht. Die Alpenlandschaften des Kenia sind thatsächlich jenes irdische Paradies, als welches sie sich hier dargestellt finden, und die Menschen, die ich handelnd und redend auftreten lasse, sie handeln und reden zwar einstweilen nur in meiner Phantasie, aber alles, was sie thun und was sie sprechen, folgt den Gesetzen der nüchternsten Notwendigkeit. Freiland ist zur Stunde, wo ich dies schreibe, noch nicht gegründet; aber wenn es gegründet sein wird, kann in ihm nichts wesentlich anderes geschehen als was die „Reise nach Freiland" ihren Lesern erzählt.

Und zum Schlusse noch eines.

Ich habe in meiner Geschichte einen Professor der

Nationalökonomie als Kritiker der freiländischen Einrichtungen auftreten und seine Bemängelungen durch meine Freiländer widerlegen lassen. Es könnte nun scheinen, als ob in dieser Figur ein Popanz vorgeführt würde, der möglichst durchsichtige Irrtümer eigens zu dem Zwecke vorzubringen habe, um der freiländischen Sache zu wohlfeilen Siegen zu verhelfen; dem ist jedoch nicht so. Zwar die Person besagten Professors lebt nur in der Vorstellung des Verfassers, dagegen ist alles, was er sagt, wörtlich in den gegen „Freiland" gerichteten gelehrten Kritiken zu lesen. In der Vorrede zu meinem erwähnten früheren Buche hatte ich nämlich in Anbetracht des Umstandes, daß selbiges in erzählender Form ein Bild der wirklichen socialen Zukunft zu bieten den Anspruch erhebe, die fachmännische Kritik aufgefordert, es in allen seinen Teilen der strengsten Prüfung zu unterziehen. Dieser Aufforderung wurde denn von seiten meiner Fachgenossen in ausgiebigstem Maße entsprochen; zahllose Artikel in den großen Tagesblättern, in gelehrten Fachzeitungen und Broschüren haben sich mit „Freiland" teils zustimmend, teils tadelnd beschäftigt, und was ich nun meinem Professor Tenax in den Mund lege ist nichts anderes, als eine Blütenlese aus den gegnerischen Recensionen. Dabei darf ich versichern, daß es nicht die schlechtesten, sondern die besten Argumente der Gegner sind, die sich hier behandelt finden; ich habe nichts übergangen, was irgend durch das persönliche Gewicht des Kritikers oder durch den leisesten Anschein innerer Berechtigung Anspruch auf Berücksichtigung haben mochte, und ebenso nichts aufgenommen, was nicht unter dem einen dieser beiden Gesichtspunkte Beachtung erforderte. Ich habe nichts erdichtet und nichts verschwiegen, und wenn der unbefangene Leser finden sollte, daß die Angriffe, die mein Professor Tenax gegen die freiländische Sache richtet, durchaus danach angethan sind, deren Unanfechtbarkeit erst recht in helles Licht zu setzen, so wird dies ein Erfolg sein, den ich nicht mir, sondern meinen Kritikern verdanke.

Wien, 1893.

Theodor Hertzka.

───────

[1] „Freiland, Organ der Freilandvereine", Wien VIII., Lange Gasse 53.

[2] „Freiland, ein sociales Zukunftsbild" von Theodor Hertzka. Erste vollständige Ausgabe bei Duncker und Humblot, Leipzig; die folgenden Ausgaben bei E. Pierson, Dresden und Leipzig.

Erstes Kapitel.
Warum ich auswanderte.

Jetzt hält mich nichts mehr; mein Entschluß steht fest; ich ziehe nach Freiland!

Warum? — Meine guten Freunde sagen, weil ich ein überspannter Phantast sei, ja, ich vermute, daß es, wenn ich nicht dabei bin, kürzer und einfacher heißt: „weil er ein Narr ist."

Ob sie nicht vielleicht recht haben?

Wenn in allen Stücken anders denken, als alle andern, närrisch sein heißt, dann bin ich ein Narr. Denn ich denke wirklich in allen, zum mindesten in allen wichtigen Stücken anders, als meine Bekannten und Freunde, deren ich, da ich reich bin, eine erstaunlich große Zahl besitze. Und sie alle halten mich für glücklich, beweisen mir täglich mit unwiderleglichen Gründen, daß ich es sei, während ich — und das ist eben meine fixe Idee — mich tief unglücklich fühle. Nicht etwa, daß ich den Spleen hätte; bewahre! Ich bin voll Lebensdrang und von Natur aus heiteren Gemütes; dabei jung, gesund und wie schon gesagt, reich, besitze ein angenehmes Äußere und meine Erfolge in der „Gesellschaft" lassen so wenig zu wünschen übrig, daß ich bis vor wenigen Stunden der vielbeneidete Bräutigam eines der schönsten, gebildetsten und liebenswürdigsten Mädchen aus einer der ersten Familien unserer Stadt war.

Wenn der scharfsinnige Leser hier die Schlußfolgerung zieht, daß ich zur Stunde, wo ich dieses schreibe, nicht mehr Bräutigam dieser schönen, gebildeten und liebenswürdigen Dame aus vornehmem Hause sei, so hat er richtig geraten;

wenn er aber weiter kombinieren sollte, daß vielleicht dieser Verlust mich in so weltschmerzelnde Stimmung versetze, so irrt er. Mein Weltschmerz trägt die Schuld, daß ich meine Braut verlor, aber der Abschied, den mir meine Braut gab, ist ganz und gar unschuldig an meinem Weltschmerz. Im Gegenteil; ich darf behaupten, daß ich mich ruhiger, hoffnungsvoller fühle, seitdem mich mein zukünftig gewesener Schwiegervater für einen unverbesserlichen Faselanten erklärte, der sich hinfort seine Tochter aus dem Kopfe schlagen möge, und diese Tochter, unter Thränen, aber deshalb nicht minder entschieden, ihm Zustimmung genickt hatte. Aber auch gegen die Auffassung muß ich mich verwahren, als ob mir meine Braut gleichgültig gewesen, es sich zwischen ihr und mir wohl gar um eine bloße Konvenienzehe gehandelt, bei welcher gesellschaftliche Stellung und Vermögen die Hauptsache, die Personen bloßes Beiwerk gewesen. Zwar auf der andern Seite — darüber gab ich mich keinen Augenblick einer Täuschung hin — waren meine äußeren Glücksumstände wohl stets das ausschlaggebende; meiner Braut und ihrer ganzen Familie wäre es sicherlich nicht beigefallen, an eine Verbindung mit mir zu denken, auch wenn ich tausendfach klüger, hübscher, gelehrter wäre, als thatsächlich der Fall, dabei aber nicht genügendes Vermögen besäße; indessen gerade der Anlaß des Bruches beweist, daß ihnen denn doch auch meine persönlichen Eigenschaften nicht ganz gleichgültig erschienen, denn nur um diese, nicht um meine Glücksumstände hatte es sich bei der Lösungskatastrophe gehandelt. Und was vollends *meine* Gefühle betrifft, so kann ich mit gutem Gewissen versichern, daß dieselben stets nur den persönlichen Tugenden und Reizen meiner Verlobten galten. Für „ewig" hatte ich meine Liebe selber niemals gehalten; doch wer mir gestern gesagt hätte, daß ich auf dieses schönheitstrahlende Geschöpf verzichten könnte, ohne in gelinde Verzweiflung zu verfallen, den hätte ich für einen schwarzen Verläumder erklärt. Aber Thatsache ist eben, daß mich der Bruch dieses Verlöbnisses wunderbar gleichgültig läßt, ja daß ich eine sonderbare Genugthuung und Beruhigung darob empfinde. Mir ist zu Mute, als ob ich einer Fessel ledig wäre, als ob ich meinem ureigensten Selbst wiedergegeben sei und jetzt erst thun könne und müsse, was ich längst hätte thun sollen und eigentlich, ohne mir selbst klar darüber geworden zu sein, längst gewollt.

Doch mit all dem habe ich immer noch nicht gesagt, worin mein Unglück, oder das, was ich dafür halte, zu suchen sei. Es ist — fast schäme ich mich, es zu gestehen — das Elend anderer Leute. Ich leide, weil Menschen, die mich offenbar gar nichts angehen, hungern und frieren, in Not und Entwürdigung schmachten. Ich werde den Gedanken nicht los, daß es meine Pflicht wäre, ihnen irgendwie zu helfen, trotzdem sie durchaus keinen andern Anspruch auf mein Mitgefühl besitzen, als die Thatsache, von einem menschlichen Weibe geboren zu sein, gleich mir. Und das ist nicht etwa ein kühler, nüchterner Gedanke, der durch die Vorstellung, daß sich diesen Elenden eben nicht helfen lasse, leicht zum Schweigen zu bringen wäre, sondern ein brennendes, stürmisches Begehren, welches allen Einschläferungsversuchen standhält. Der leckerste Bissen wird mir vergällt, wenn ich, indem ich ihn zum Munde führe, zufällig daran denke, daß Mitmenschen, die durchaus für meinesgleichen zu halten ich mir nun einmal in den Kopf gesetzt habe, Mangel am Notwendigsten leiden, während ich prasse. Meine krankhafte Phantasie gaukelt mir in solchen Momenten allerlei aberwitzige Vorstellungen von hohläugigen, verschmachtenden Männern, Weibern und Kindern vor, und gesellt sich dazu noch die Einbildung, daß diese Ärmsten vielleicht gerade diejenigen sind, die den Schweiß ihres Angesichtes und das Mark ihrer Knochen daransetzen mußten, dasjenige hervorzubringen, was zu genießen ich mich anschicke, so wird mir, als röche ich diesen Schweiß, als schmecke meine Zunge das Mark — und mit dem behaglichen Genießen ist es natürlich vorbei. Ähnlich ergeht es mir mit all den guten und schönen Dingen, die ich mir kraft meines Reichtums verschaffen kann, und deren sich andere, normal veranlagte Menschen harmlos erfreuen; mir grinst aus ihnen allen die Marter um ihr Recht am Leben betrogener Mitmenschen entgegen.

Und wenn es dabei noch sein Bewenden hätte! Aber der Quälgeist in meinem Gemüte macht mich verantwortlich für die Laster und Verbrechen anderer. „Jener Dieb, den sie heute eingefangen," so raunt er mir zu, „hätte sich niemals gegen die Gesetze vergangen, wenn ihm diese die Möglichkeit ließen, sich und die Seinen ehrlich zu ernähren; du aber bist es, der Vorteil aus diesen Gesetzen zieht. Der Raubmörder, den sie morgen henken werden, er hat seine That aus Not begangen; du mit den deinen, ihr schuft seine Not! Das Mädchen dort an der Straßenecke, das seinen Leib um Geld feil hält, es wäre glückliche Gattin und Mutter, hättet ihr den Mann, der sie liebte, nicht gehindert, eine Familie zu gründen!"

Und so erfolgreich waren diese unablässigen Einflüsterungen, daß der Dämon mich endlich dahin brachte, Redensarten wie: „Liebe deinen Nächsten wie dich selbst" oder: „Was du nicht willst, daß man dir thu', das füg' auch keinem andern zu," buchstäblich zu nehmen und mich mit dem Gedanken ihrer Ausübung zu beschäftigen, als ob nicht jeder Gebildete wüßte, daß sie nur da sind, damit empfindsame Gemüter sich an der Erhabenheit ihres Inhaltes erbauen, nicht aber, damit man danach handle. Wohin kämen wir, wollten wir unsern Nächsten wirklich lieben *wie uns selbst*? Wir leben im Zeitalter der Humanität und leisten an Nächstenliebe ohnehin das Menschenmögliche; aber: „wie sich selbst", das hieße ja: „wie ein Wesen derselben Art, desselben Rechts an das Leben, wie wir, also nicht wie unsere Haustiere, die wir ausnützen, als bloße Mittel zu unseren Zwecken behandeln." Oder: „Andern nicht zufügen, was man nicht wolle, das einem selber geschehe!" Kann ich wollen, daß andere mich zum Tragen ihrer Lasten gebrauchen? Sicherlich nicht. Also dürfte ich auch andere nicht zum Tragen meiner Lasten gebrauchen?

Zum Entsetzen all meiner wohlgesinnten Freunde schrecke ich selbst vor dieser äußersten Konsequenz nicht zurück. Die erprobtesten Vernunftgründe scheitern an meiner Verblendung. Das möge dem Ideale der Gerechtigkeit entsprechen — so wird mir vorgehalten —, wenn wir aber allesamt an der Last dieser Welt gleichmäßig mitzutragen hätten, dann wäre das unvermeidliche Ergebnis, daß wir allesamt hart beladene, arme Teufel blieben, was nicht bloß ein schlechter Tausch für die Wenigen wäre, die in der angenehmen Lage sind, ihre Last den Vielen aufzubürden, sondern schließlich auch für diese Vielen selbst. Denn allgemeine Armut bedeute ja Stillstand der Kultur, Barbarei; die Kultur aber sei es, was uns die Mittel zu Erleichterung der Lasten des Lebens an die Hand gebe, mit andern Worten, der ausgebeutete Arbeiter der Kulturwelt sei immer noch besser daran, als der Wilde.

Und was antworte ich auf diesen grundgelehrten, von tiefster Einsicht in den Zusammenhang aller Dinge Zeugnis ablegenden Vorhalt? Bin ich gerührt vom Opfermute jener Edlen, die sich lediglich im Interesse des Kulturfortschrittes dazu hergeben, zu genießen, was das Ergebnis der Arbeit anderer ist? Keineswegs. Ich frage mit teuflischem Hohne, wozu wir denn all die herrlichen Erfindungen der Neuzeit, auf die wir so stolz sind, gemacht hätten, wenn nicht dazu, den *Elementen* jene Last aufzuerlegen, die wir gestützt allein auf die eigene Kraft allerdings nicht ohne Schaden für die Kultur gerecht verteilen könnten? Ob wir den Wolken ihren Blitz, der Unterwelt ihr Feuer bloß deshalb geraubt, damit aus zahllosen Schloten möglichst dichter Kohlendampf als süßer Opferduft gen Himmel steige? Ob das vielleicht der Weihrauch sei, mit dem wir unserem Götzen „Mammon" räucherten? Denn einen andern Zweck unseres sogenannten Fortschritts vermochte ich bisher nicht zu entdecken. Keines arbeitenden Menschen Plage sei zur Stunde durch die Riesen „Dampf" und „Elektrizität" erleichtert worden, ja das Elend von Millionen werde nur desto ingrimmiger und bitterer, je höher unsere Kunst wachse, Überfluß zu erzeugen. Und ob denn die Menschheit wirklich so blödsinnig geworden sei, das alles für selbstverständlich und unabänderlich zu halten, eine Gedankenlosigkeit, von welcher frühere Jahrhunderte und Jahrtausende frei gewesen. Zwar, daß Elend und Knechtschaft notwendig seien, habe man vor Zeiten ebenso geglaubt als gegenwärtig, aber man habe wenigstens gewußt, warum man das glaubte und auch recht klare Vorstellungen darüber genährt, was geschehen müßte, damit Elend und Knechtschaft überwunden würden. Schon Plato und Aristoteles hätten gelehrt, daß die Knechtschaft in dem Unvermögen begründet sei, Reichtum und Muße für alle zu erzeugen. „Wenn das Weberschiffchen ohne Weber läuft und der Pflug ohne Stier sich bewegt, dann werden alle Menschen frei und gleich sein —" erklärte Aristoteles. Und ganz im gleichen Sinne, nur viel bestimmter noch, habe sich zwei Jahrtausende nach dem großen Griechen Bacon von Verulam, der Begründer der modernen Naturwissenschaften, ausgesprochen. Er habe prophetischen Blicks die Zeit kommen sehen, wo die Elemente alle grobe aufreibende Arbeit für den Menschen verrichten würden, und als selbstverständliche Folge davon vorhergesagt, daß Knechtschaft und Elend aus der Welt verschwinden. Nun denn, diese Zeit sei gekommen, das Weberschiffchen bewege sich ohne den Weber, der Pflug ohne den Stier, die Elemente seien bereit, alle grobe aufreibende Arbeit für den Menschen zu verrichten; das Geschlecht aber, das all das erlebt und das dreimal selig zu preisen wäre, wenn es zu nützen wüßte, was ihm zu teil geworden, es verschließe seine Augen gegen die einzig vernünftige Bedeutung des unermeßlichen Heils, glaube noch immer der Knechtschaft zu bedürfen und verurteile sich damit selber zum Elend.

Nur freilich, wie man es anzustellen habe, um die Menschheit dieses Heils teilhaftig werden zu lassen, darüber hatte ich, trotz meines Dämons, lange Zeit keinerlei klare Vorstellung. Daß die kommunistischen und anarchistischen Weltverbesserungspläne nichts taugten, begriff ich. Die einen hätten die Erde in ein großes Zwangsarbeitshaus verwandelt, die zweiten unmittelbar der Barbarei überantwortet. Ich wollte weder die Freiheit noch die Ordnung missen — wie beide zu vereinbaren wären, wußte ich nicht, so felsenfest auch meine Überzeugung war, daß es geschehen müsse und daher geschehen werde.

Da erstand Freiland, der Weg der Freiheit und Ordnung war gefunden und mächtig drängte es mich, ihn zu betreten. Aber mein Wille war nicht stark genug, um die Bande zu zerreißen, die mich hier festhielten. Ich hätte eine alte Mutter und als diese gestorben war, eine reizende Braut zurücklassen müssen; zu beidem fand ich nicht den Mut und nicht die Kraft. Jetzt aber bin ich frei, frei wie der Vogel in der Luft, und das ist folgendermaßen gekommen. Man erwarte hier keine hochromantische Verwickelung; alles, was sich begab, ist so alltäglich als möglich, und was für mein Verlöbnis zur trennenden Katastrophe geworden, würde die meisten in meiner Lage sehr gleichgültig gelassen haben. Doch zur Sache.

Nach all dem, was ich dem Leser schon gebeichtet, wird er es erklärlich finden, daß es meinem Geschmacke nicht entsprach, als vornehmer Müßiggänger zu leben, wie mir mein Reichtum ermöglicht hätte. Nicht daß ich mir einbildete, durch welche Thätigkeit immer innerhalb des Rahmens der bestehenden Gesellschaft das Unrecht, welches deren Unterlage ist, gutmachen oder auch nur mildern zu können. Ich wollte arbeiten, ernstlich arbeiten lediglich aus dem Grunde, weil mir der Müßiggang verächtlich erschien. Ich wählte daher einen Beruf und zwar den eines Ingenieurs und bewarb mich nach beendigten Studien um eine entsprechende Stellung. Meiner Verlobten und deren Eltern war das nicht recht, denn sie meinten, daß für einen jungen Mann meines Reichtums und meines gesellschaftlichen Ranges, wenn er schon durchaus „arbeiten" wolle, ein anderer Beruf passender gewesen wäre. Indessen, da ich auf meinen Willen bestand, ließ man mich gewähren. Aber die Anstellung verzögerte sich; es verstrichen zwei Jahre und immer noch kam das erwartete Dekret nicht. Da mengte sich der Vater meiner Braut in die Sache: Sicherlich hätte ich — als unpraktischer Idealist, der ich nun einmal sei — alles so verkehrt als möglich angefaßt, da andernfalls ganz und gar unbegreiflich wäre, daß man einen Mann von meinen „Konnexionen" so lange auf eine so bescheidene Stelle warten lasse. Darauf antwortete ich, daß meine Konnexionen mit meinem Anstellungsgesuche nichts zu thun hätten. Der Amtsvorstand, mit dem ich in der Sache verkehrte, kenne mich nicht näher, und da mein Familienname zu den häufig vorkommenden gehört, so vermute der gute Mann offenbar nicht im entferntesten, daß es der vornehme, reiche N. sei, der ihm die Ehre anthun wolle, unter seiner Leitung Pläne zu zeichnen und Maschinen zu konstruieren.

Dieses Gespräch hatte vorgestern stattgefunden. Heute morgens brachte mir ein Amtsdiener mein Bestallungsdekret ins Haus. Freudig überrascht eilte ich in die Anstalt, um dem Direktor meine Dankesvisite abzustatten. Er empfing mich mit freundschaftlichen Vorwürfen darüber, daß ich gleichsam inkognito mich um ein Amt beworben und entschuldigte sich geradezu, mich so lange warten gelassen zu haben. „Hätte Ihr zukünftiger Schwiegerpapa mich nicht mit seinem Besuche beehrt," meinte er schmunzelnd, „so wüßte ich heute noch nicht, wer Sie sind."

Mich ärgerte das nicht wenig. Ich hatte mir geschmeichelt, durch meine Zeugnisse, die Beweise meines Fleißes und meiner Kenntnisse, etwas erlangen zu können und sah mich nun durch meine „Konnexionen" ins Amt gebracht. Allein die Sache war einmal geschehen und so machte ich denn leidlich gute Miene zum bösen Spiel. Ich verabschiedete mich unter den üblichen Höflichkeitsphrasen und hatte nur die Absicht, meinem schwiegerväterlichen Freunde einige Vorwürfe wegen seiner unerbetenen Einmischung zu machen. Allein es sollte anders kommen.

Im Begriffe fortzugehen, stieß ich im Wartezimmer des Direktors auf einen Kollegen, den ich schon wiederholt hier getroffen und der, wie ich wußte, gleichfalls auf Anstellung wartete — nur, zum Unterschiede von mir, nicht seit zwei, sondern schon seit vier Jahren. Ich erzählte ihm, daß ich soeben eine Stelle erhalten hätte und bezeichnete dieselbe auf Befragen genauer. Da verfärbte sich der Mann plötzlich und wäre, hätte ich ihn nicht rasch aufgefangen, zu Boden gesunken. Peinlicher Ahnungen voll forschte ich nach der Ursache dieses auffallenden Benehmens und erfuhr denn, daß die mir zuteil gewordene Stelle gerade diejenige sei, auf die man ihn seit Jahr und Tag vertröstete. Nun wußte ich, daß der Bedauernswerte früher einmal schon Angestellter des nämlichen Instituts gewesen, seinen Dienst auch zu voller Zufriedenheit versehen und nur deshalb entlassen worden war, weil die Abteilung, in welcher er beschäftigt gewesen, aufgelöst wurde. Dabei war der Mann verheiratet, Vater von vier Kindern und während der langen Wartezeit allgemach ins tiefste Elend geraten. Die letzte Habe war bereits gepfändet und die Familie stand unmittelbar vor dem Hungertode. Das alles erzählte er mir, mühsam die Worte hervorwürgend, und in seinen Augen flimmerte es seltsam unheimlich, wie von Gedanken an Rasiermesser,

17

Kohlendunst oder sonstige Mittel des Selbstmordes.

Mein Entschluß war sofort gefaßt. Ich ersuchte den Ärmsten, mich zu erwarten und ließ mich neuerlich beim Direktor melden. Diesem erklärte ich in kurzen, dürren Worten, was ich erfahren, gab ihm mein Dekret zurück und forderte ihn auf, die Anstellung dem älteren, besser berechtigten Bewerber zuzuwenden. Er lachte mich aus. „Wenn Sie es nicht werden, so giebt es andere Aspiranten in Fülle, die Ihrem Schützling vorangehen. Ich selbst bedauere den armen Teufel, aber was soll ich machen? Nicht weniger als sieben Bewerber um dieselbe Stelle werden von unterschiedlichen einflußreichen Persönlichkeiten protegiert und sie ist nur aus dem Grunde bisher nicht vergeben worden, weil diese verschiedenen Einflüsse sich gegenseitig die Wage hielten. Ihre Konnexionen gehen denen aller anderen entschieden vor; dies hat dem Schwanken ein Ende gemacht. Sie blicken mich verächtlich und zornsprühend an? Ja, vermuten Sie denn, daß mir Protektionskinder lieber sind als verdiente Kollegen? Bin ich denn der Herr hier? Hänge ich nicht selber ab von jenen Einflüssen, die bei dieser Anstellung spielen? Ließe ich mir beifallen, gegen diese Gönnerschaften anzukämpfen, sie würden sehr bald mich selber hinwegfegen. Glauben Sie mir, junger Freund, mit den Wölfen muß man heulen, und wer es nicht ertragen kann, Hammer zu sein, der wird sich gar bald als Ambos finden, auf den die anderen loshämmern. Wenn Sie das nicht einsehen, taugen Sie nicht für unsere Verhältnisse, und ich kann Ihnen nur den Rat geben, uns möglichst bald den Rücken zu wenden."

Ich erklärte dem weltklugen Geschäftsmann, dem ich im übrigen nicht unrecht geben konnte, er möge es mit der Stelle halten wie er wolle und könne, ich für meinen Teil verzichte endgültig auf dieselbe. Meinem Mitbewerber erzählte ich draußen, was vorgefallen und händigte ihm eine Summe ein, genügend groß, um ihn und seine Familie für längere Zeit vor Not zu bewahren, gab ihm aber den wohlgemeinten Rat mit auf den Weg, sein Bündel zu schnüren und nach Freiland auszuwandern.

Eine halbe Stunde später hatte ich eine Auseinandersetzung mit dem Vater meiner Verlobten. Ich wollte ihm seine unberufene Einmischung vorhalten; kaum aber hatte er erfahren was geschehen, als er den Spieß umkehrte und mich mit den heftigsten Vorwürfen überschüttete. Ich sei ein durchaus unzurechnungsfähiger, für den „Ernst des Lebens" schlechthin unbrauchbarer Mensch; längst schon habe er es bereut, seine Einwilligung zur Vermählung seines Kindes mit solchem Faselanten erteilt zu haben; nunmehr aber wäre seine Langmut zu Ende; ich möge mich zum T..... scheren und meine Menschenfreundlichkeit anderswo an den Mann bringen.

Der Engel, dem ich mich hatte verbinden wollen, war Zeuge dieser Scene. Einen Augenblick lang hoffte ich, die Erwählte meines Herzens für mich Partei nehmen zu sehen. Es geschah nicht; im Gegenteil, sie stand auf Seite des Vaters und versuchte bloß schüchtern, auf mildernde Umstände für mich zu plaidieren. Ich sei noch jung, meinte sie, eine augenblickliche Gefühlswallung habe mich wohl übermannt und man dürfe die Hoffnung nicht aufgeben, daß ich, durch Schaden klug geworden, hinkünftig derlei Thorheiten unterlassen würde. Als ich aber erklärte, mit gutem Vorbedachte gehandelt zu haben, als ich hinzufügte, ich müßte mich verachten, wenn ich jemals anders handeln könnte, da kehrte sie mir geringschätzig den Rücken.

Als sie sah, daß ich mich, ohne Buße zu thun, zum Abschied anschicke, machte sie zwar noch einen Versuch, mich unter Thränen und Beschwörungen festzuhalten. Aber der Kehrreim all ihrer Bitten war immer und immer wieder, ich möge doch endlich ein „vernünftiger Mensch" werden, aufhören, mich um fremder Leute Angelegenheiten zu kümmern. Der Zauber, der mich an das anmutige

Geschöpf bis dahin gebunden, war gründlich zerstört; ich erkannte, daß es eine gemütlose Puppe gewesen, der ich gehuldigt. Was ich anfangs als Opfer meiner Überzeugungstreue angesehen — der Bruch mit ihr — das nahm, je mehr sie sprach und weinte, mehr und mehr die Gestalt einer Belohnung an. Ich sah, meine Handlungsweise hatte mich davor bewahrt, Opfer eines Irrtums zu werden, den ich bei Auswahl meiner zukünftigen Gattin begangen. Das merkte endlich der Gegenstand meiner einstigen Zärtlichkeit selber; ich erhielt unter zornigen Worten meinen Abschied.

So ist das letzte Band, das mich festhielt, gerissen. Meine Angelegenheiten hier werden in wenigen Tagen geordnet sein und dann auf nach Freiland!

Zweites Kapitel.
Die Reise.

Ich wählte für die Reise nach Freiland ein freiländisches Schiff. Es flößte mir zwar einiges Bedenken ein, daß auf den Riesendampfern, welche dieser Staat seit einer Reihe von Jahren zwischen der ostafrikanischen Küste und den Haupthafenplätzen Europas wie Amerikas laufen läßt, keinerlei Klassenunterschiede bestehen, denn da diese Schiffe in der Regel von mehr als tausend Auswanderern benutzt werden, so hegte ich hinsichtlich der Bequemlichkeit dieser gleichförmigen Unterkunft einige Zweifel und ich war einen Augenblick lang versucht, die Seereise mit den französischen *Messageries maritimes* oder mit der englischen *P. & O. Company* zu machen. Indessen, schließlich überwog der Wunsch, das freiländische Wesen so früh als möglich kennen zu lernen, und so meldete ich mich denn bei der nächsten freiländischen Agentur für den am 2. Mai von Triest abgehenden Dampfer „Urania" an.

Ich hatte diese Wahl nicht zu bereuen. Wir waren unser nicht weniger als 1160 Passagiere, aber die freiländischen Schiffe sind so eingerichtet, daß alle Mitfahrenden in zwar kleinen, aber netten, bequem ausgestatteten Kabinen gesonderte Unterkunft finden. Tagsüber nehmen gewaltige, luftige Speise- und Gesellschaftssäle die Reisenden auf, für die Nacht hat jedermann und jede Familie gesonderte Schlafräume. Da insbesondere während der Fahrt durch das rote Meer die Hitze mitunter sehr groß ist, so wird durch kräftige Ventilationsapparate, die allen Räumen des Schiffes frische Luft zuführen, für ausreichende Abkühlung gesorgt.

Die Verpflegung ist einfach, aber vortrefflich, die Reinlichkeit über jedes Lob erhaben.

Die Erlebnisse der Seefahrt will ich übergehen. Am 8. Mai passierten wir den Suezkanal, am 19. desselben Monats warf die „Urania" in der Reede von Lamu Anker.

Dieser Ort, noch vor sieben Jahren, als Freiland gegründet wurde, ein unansehnliches Arabernest, ist jetzt eine große, mit allen Behelfen des modernen Verkehrs ausgestattete Handelsstadt. Die Engländer, die hier herrschen, haben die Vorteile, die ihnen das freiländische Hinterland gewährt, trefflich auszunutzen verstanden.

Die Einwanderung nach Freiland, die mit verschwindenden Ausnahmen die Richtung über Lamu und die Tanamündung nimmt, hat im Vorjahre die Ziffer von 500000 Seelen nahezu erreicht und ist in stetem Wachstum begriffen; der Warenhandel betrug im selben Jahre 92 Millionen Pfund Sterling in der Ausfuhr und ebenso viel in der Einfuhr. Dieser Handel ruht zwar in den Händen des freiländischen Gemeinwesens, aber die Engländer und die ganze Küstenbevölkerung haben selbstverständlich kolossale Vorteile davon, wie sich am rapiden Wachstum Lamus und dem sichtlichen Wohlstande der dortigen Bevölkerung deutlich zeigt.

Der größere Teil von uns Einwanderern stieg in Lamu ans Land, wo große, Freiland gehörige Hotels uns aufnahmen. Bloß ein kleiner Teil — nicht ganz zweihundert — bestiegen sofort in der Reede einen kleinen Dampfer, der, das Vorgebirge von Ras-Schaga umschiffend, durch die Bay von Ungama direkt in die Tanamündung einläuft. Diese direkte Einfahrt in den Strom, der auch uns später als Weg in die neue Heimat diente, ist mitunter, wenn der Wind nicht gerade günstig weht, nicht ungefährlich, denn der Tana bildet an seiner Mündung eine Barre, die früher beinahe ganz unpassierbar war und auch jetzt, nachdem Baggerungen vorgenommen worden sind, der Schiffahrt ernstliche Hindernisse bereitet. Man muß die Brandung passieren, die dabei in recht häßlicher Weise über Deck zu spülen pflegt, wird aus diesem Anlasse jedenfalls gehörig hin- und hergeworfen, und das ist, insbesondere wenn man gerade eine siebzehntägige Seereise glücklich hinter sich hat, nicht jedermanns Sache.

Die Mehrzahl, und darunter auch ich, zog es — wie gesagt — vor, die Tanabarre auf dem Landwege zu umgehen. Lamu liegt auf einer Insel, vom Festlande durch einen schmalen Kanal getrennt. Dieser Kanal bildet Lamu gegenüber eine tief in das Land hineinreichende Bucht und vom äußersten Endpunkte dieser Bucht, wo die Ortschaft Mkonumbi liegt, haben die Engländer eine Eisenbahn an den untern Tana gebaut, die wir dann benutzten.

In Engatana, wo wir den Tana erreichten, nahmen uns freiländische Flußdampfer auf, und zwar standen zu diesem Behufe für die signalisierten neunhundert Passagiere fünf Dampfschiffe bereit. Der Tana ist ein mächtiger Strom, so breit und tief als der Rhein bei Köln oder die Donau bei Wien, und ich konnte daher nicht begreifen, warum man es nicht vorzieht, größere Schiffe zu bauen. Später, als wir nach vierzehnstündiger Bergfahrt Odaboruruwa erreichten, wurde mir das Rätsel gelöst. Der Tana teilt sich von da ab in zahlreiche Arme, die so mannigfaltig verschlungen und gewunden sind, daß größere und insbesondere längere Schiffe leicht steckenbleiben könnten; deshalb zieht es die freiländische Verwaltung vor, kleinere Schiffe gehen zu lassen, die dafür den Vorzug haben, die Reisenden, ohne daß ein Umsteigen nötig wäre, bis Hargazzo befördern zu können, wo die Stromschnellen und Katarakte beginnen und alle Schiffahrt ein Ende hat.

Auch die zwanzig Stunden dauernde Stromreise auf dem Tana, von Engatana bis Hargazzo, will ich kurz übergehen. Bis Odaboruruwa war die Fahrt ziemlich einförmig. Die Ufer des herrlichen Stromes sind auf beiden Seiten von

Gebüschen und Waldungen eingesäumt, die das Hinterland dem Blicke vollständig entziehen. Häufig zwar sind diese Uferwaldungen von üppigen, mitten in denselben eingebetteten Ansiedelungen, sei es der schwarzen Ureinwohner, sei es weißer Einwanderer, unterbrochen; aber diese Ansiedelungen gleichen mit ihren netten, von Bananen beschatteten Häuschen, mit ihren üppigen Feldern und Obsthainen einander so sehr, daß sie schon nach wenigen Stunden die Aufmerksamkeit nicht mehr erregen. Ganz anders wird die Scenerie von Odaboruruwa an. Hier bieten die zahllosen Inseln und die Krümmungen des Flußlaufes stets neue und entzückende Ansichten, dabei beginnt der Fluß, der von da ab äußerst fischreich ist, eine überaus belebte Tierwelt zu zeigen. Flamingos und anderes Wassergevögel besetzt zu Myriaden alle seichten Uferstellen; die Flußpferde sind an einzelnen Plätzen so zahlreich und dichtgedrängt, daß es fast scheint, als würden sie den Schiffslauf aufhalten; doch sind die ungeschlachten Gesellen stets, bevor sie der Dampfer erreicht, untertauchend verschwunden, um mit einer Behendigkeit, die man ihnen gar nicht zutrauen sollte, erst in weiter Entfernung wieder aufzutauchen. Nicht so eilig haben es in der Regel die Krokodile, die gleichfalls in großer Zahl an allen sonnigen Uferbänken lagern und im Vertrauen auf ihren Panzer die Dampfschiffe unbesorgt herannahen lassen.

Nach Mitternacht erreichten wir Hargazzo, die Umschlagstation zwischen Tanaschiffahrt und freiländischer Eisenbahn. Hier haben die Freiländer ihre erste Ansiedelung gegründet, die jedoch noch außerhalb ihres eigentlichen Gebietes liegt. Sie ist dazu bestimmt, den Reisenden Unterkunft zu bieten, und eine großartige Land- und Gartenwirtschaft dient dazu, die für den Empfang der zahllosen, täglich wechselnden Ankömmlinge erforderlichen Bedarfsartikel an Ort und Stelle zu erzeugen. Die Fruchtbarkeit ist hier eine außerordentliche, alle

Vorstellungen überflügelnde. Die oberhalb dieses Ortes beginnenden Stromschnellen ermöglichen die reichliche Bewässerung des fetten Humusbodens, die glühende äquatoriale Sonne — denn Hargazzo liegt bloß einen halben Breitegrad südlich vom Äquator — bringt jegliche Frucht in fabelhaft kurzer Zeit zu üppigster Reife, so daß einhundertzwanzig- bis einhundertfünfzigfache Ernte vom gesäeten Korn hier zweimal im Jahre die Regel ist.

Ich habe mich in Hargazzo nur einen Tag lang aufgehalten und muß erklären, daß ich trotz der äquatorialen Lage und trotzdem die Seehöhe des Ortes nicht ganz dreihundert Meter ist, von absonderlicher Hitze wenig bemerkte. Die Gegend beginnt hier schon gebirgig zu werden, kühle, schattige Thäler verlaufen sich bis unmittelbar an den Fluß und da es in der Nachbarschaft keine Sümpfe giebt, so halte ich den Ort auch für durchaus gesund. Trotzdem betrachten die Freiländer Hargazzo nicht als dauernden Ansiedelungspunkt. Die Bewohner verweilen hier immer nur kurze Zeit und werden längstens nach Jahresfrist durch Ersatzmänner abgelöst. Die Freiländer haben nämlich die Erfahrung gemacht, daß die, wenn auch nicht übermäßige, so doch andauernde Hitze, die überall im äquatorialen Tieflande herrscht, den meisten Europäern auf die Länge der Zeit nicht zuträglich sei. Einige Monate, ja selbst Jahre hindurch erträgt man sie ohne Beschwerde, dann aber stellt sich leicht Appetitlosigkeit in Verbindung mit lästigen Leberleiden ein. Und da die Freiländer es nicht nötig haben, ihre Gesundheit zu gefährden, um reichlichen Lebensunterhalt zu finden, so vermeiden sie es, einen der Ihren auch nur der entfernten Möglichkeit solcher Gefahren auszusetzen.

Nach eintägigem Aufenthalte dampfte ich mit der freiländischen Eisenbahn nordwestwärts dem Kenia zu. Der Ausdruck „dampfen" ist jedoch hier bloß figürlich zu nehmen, denn diese Linie wird nicht durch Dampf, sondern durch Elektrizität betrieben. Die Stromschnellen und Katarakte des Tana liefern hierfür, wie für eine Menge anderer Verkehrs- und Industrieanlagen Freilands, die elektrische Kraft. Um das begreiflich zu finden, muß man wissen, daß der Strom von Hargazzo bis Kikuja eine ununterbrochene Kette von Schnellen und Wasserfällen bildet, deren Großartigkeit in der ganzen übrigen Welt nicht ihresgleichen hat. Der Tana besitzt auf dieser rund 200 Kilometer langen Strecke ein Gefäll von über 5000 Fuß und einzelne der Katarakte haben eine Fallhöhe von 300 Fuß. Es ist also hier eine motorische Energie von vielen Millionen Pferdekräften verfügbar und trotzdem Freiland bisher schon für die $2^1/_2$ Millionen seiner derzeitigen Einwohnerzahl diese Kraftquelle recht ausgiebig angezapft hat, so ist für fernere Zwecke noch immer genug vorhanden.

Also der Tana war es, der, auch nachdem wir ihn verlassen, unsere Beförderung weiter besorgte. Die Schwerkraft, die sich in seinen Wässern auf ihrem Wege vom Kenia zum Thale gleichsam aufgestapelt hatte, dient nun dazu, in Elektrizität verwandelt uns bergauf durch alle Windungen der mächtigen Gebirgswelt, in die wir jetzt eintraten, dem Kenia entgegenzuheben.

Unser Zug brauchte für die 280 Kilometer der Tana-Keniabahn zwölf Stunden. Vom Schlusse des nächsten Jahres ab, wenn die bereits im Bau begriffene neue Tana-Keniastrecke vollendet sein wird, dürften für den gleichen Weg vier Stunden genügen. Die derzeit noch im Betriebe befindliche Linie ist ein provisorischer Bau, den Freiland im zweiten Jahre seines Bestandes in Angriff genommen und vollendet hatte. Es giebt da eine Menge sehr scharfer Krümmungen und steiler Steigungen; die Brücken und Viadukte sind zum Teil aus Holz gezimmert, was alles notwendig macht, daß langsam gefahren werde.

Die großartige Romantik der Hochgebirgswelt, in welche wir bald nach Hargazzo eindrangen, spottet jeder

Beschreibung. Die Bergriesen, an deren Fuß und Seite der Zug emporkletterte, haben bis zu 12000 Fuß Höhe; ihre Lehnen sind teils von undurchdringlichem, majestätischem Urwalde bestanden, teils von parkartigen Wiesen bedeckt, teils aber starren sie uns in unheimlicher, wilder Schroffheit entgegen. Die Mittagsrast hielten wir in einem Thale, dessen lachende Lieblichkeit an die schönsten Landschaften der oberitalienischen Alpenwelt erinnert; eine Stunde später rollte der Zug durch eine Felsenwildnis von schauriger Öde, in welcher kein Grashalm, kein Tier die Starrheit des Todes unterbrach. Und abermals eine Stunde später durchmaßen wir ein üppiges breites Flußthal, welches von ungezählten Schaaren friedlich weidender Antilopen, Zebras und Büffel, Rhinocerosse und Elefanten gleichsam erfüllt schien.

Alles bis dahin Gesehene trat jedoch weit in den Hintergrund, als um die vierte Nachmittagsstunde der Zug den Kamm des zwischen Tana und Kenia gelagerten Gebirgsstockes erklommen hatte und nun die Gletscherwelt des Kenia sich urplötzlich unseren entzückten Blicken darbot. Zugleich machte die bis dahin herrschend gewesene ziemlich drückende Schwüle einer erfrischenden Kühle Platz, hervorgerufen offenbar durch die vom Kenia herabwehenden Brisen. Wir hatten die Hochebene von Freiland erreicht und liefen um fünf Uhr nachmittags in die erste freiländische Station, Washington geheißen, ein.

Mit der Schilderung auch dieses Ortes will ich mich nicht aufhalten. Um acht Uhr abends langten wir in Edenthal, der Hauptstadt Freilands, an. Der Bahnhof und alle Straßen, die ich auf dem Wege nach dem Gasthofe durchfuhr, waren mit elektrischen Bogenlampen taghell erleuchtet. Von Häusern sah ich auf dieser ersten Fahrt durch Edenthal so gut wie nichts, denn die Straßen sind von mehrfachen Palmenalleen eingesäumt, die Häuser selber liegen allesamt inmitten üppiger Gärten, so daß alles, was man von ihnen wahrnehmen konnte, das Blinken einzelner beleuchteter

Fenster war. Desto deutlicher sagte mir mein Ohr, daß Edenthal keine ausgestorbene Stadt sei. Aus zahlreichen Gärten, an denen ich vorüberfuhr, tönte mir Musik, Becherklang und fröhliches Lachen entgegen.

Ich war übrigens zu müde und erschöpft von der Reise, um die Versuchung zu spüren, irgend wie an der allgemeinen Fröhlichkeit heute schon teilnehmen zu wollen. Der Omnibus, den ich am Bahnhof mit sieben anderen meiner Reisegefährten bestiegen, setzte uns nach einviertelstündiger Fahrt vor einem jener großen Gasthöfe ab, die von besonderen freiländischen Gesellschaften unterhalten werden.

Nachdem ich ein einfaches Mahl genommen, suchte ich mein Bett auf und trotz der fieberhaften Erwartung, mit welcher ich dem nächsten Tage entgegensah, umfing mich alsbald tiefer, erquickender Schlaf.

Drittes Kapitel.
Wo Freiland liegt und was Freiland ist.

Nachdem mir der gütige Leser bereitwillig bis in die Hauptstadt von Freiland gefolgt ist, wird es an der Zeit sein, ihm etwas ausführlicher zu sagen, wo sich diese Stadt und dieses Land befinden, was es mit ihnen für eine Bewandtnis hat und was ich eigentlich hier suche. Ich habe bisher vorausgesetzt, daß er das alles so gut weiß, wie ich selber. Und in der That hat seit sieben Jahren Freiland und die von ihm vertretene Sache der wirtschaftlichen Gerechtigkeit viel von sich reden gemacht; aber wenn ich es bei Lichte besehe, so schreibe ich denn doch gerade für diejenigen, die all das noch nicht oder wenigstens nicht ganz genau wissen, und es ist daher durchaus notwendig, zur Klarlegung des äußerlichen und innerlichen Schauplatzes der sich in den folgenden Kapiteln abspielenden, im übrigen höchst einfachen Begebenheiten zu schreiten.

Also Freiland ist ein socialer Freistaat, der vor sieben Jahren von ein paar tausend Enthusiasten auf den Hochlanden des Kenia begründet wurde. Verfolgt man auf der Karte von Afrika die Ostküste vom Kap Guardafuy nach Süden zu genau bis zum Äquator und geht dann der durch diesen gebildeten Linie westwärts ins Innere des Kontinents nach, so wird man in der Luftlinie nicht ganz 500 Kilometer von der Küste des indischen Oceans entfernt den Kenia finden, einen Berg, der zu den großartigsten und merkwürdigsten des ganzen Erdballs zählen würde, auch wenn die Freiländer nicht auf den Gedanken geraten wären, sich an seinem Fuße anzusiedeln. Es ist das kein vereinzelter

Gipfel, sondern ein gewaltiger Gebirgsstock, dessen centrale Spitze nahezu 6000 Meter hoch in die Region des ewigen Eises und Schnees hineinragt. Das eigentümliche des Kenia aber ist, daß er sich, unähnlich dem etwa 500 Kilometer weiter südlich gelegenen, ihm an Mächtigkeit im übrigen ähnlichen Kilimandscharo, nicht unmittelbar aus der Tiefebene erhebt, sondern rings um sich her, viele Hunderte Kilometer weit nach allen Seiten, ein 1200 bis 2200 Meter über dem Meeresspiegel sich erhebendes Hochplateau vorgelagert hat. Und dieses Hochplateau, unterbrochen von zahlreichen mehr oder minder mächtigen hochromantischen Gebirgszügen und bewässert von mannigfaltigen, teils dem Kenia selber, teils den Riesen der Vorberge entspringenden Flüssen, Strömen und Seen, bildet das Gebiet von Freiland.

Soviel über die Geographie meiner nunmehrigen Heimat. Über ihre politische und sociale Verfassung will ich einstweilen nur soviel sagen, daß durch dieselbe verwirklicht worden ist, was seit dritthalb Jahrtausenden das Ideal der Menschheit gewesen, nämlich die vollkommene, sich auch auf das wirtschaftliche Leben erstreckende Gleichberechtigung. Die Freiländer sind keine Kommunisten, sie gehen nicht von der Ansicht aus, daß alle Menschen schlechthin gleich seien, anerkennen vielmehr deren Verschiedenheit nach Fähigkeiten sowohl als nach Bedürfnissen; aber sie halten alle Menschen für gleich*berechtigt*, und unter Gleichberechtigung verstehen sie nicht bloß die allen Menschen gleichmäßig zuerkannte Befugnis, Abgeordnete zu wählen, Steuern zu zahlen, eingesperrt zu werden und sich für das Vaterland totschießen zu lassen, sondern auch das allen gleichmäßig zu sichernde Recht, zu leben. Sie behaupten, daß demjenigen, der auf den guten Willen anderer angewiesen ist, um die eigenen Kräfte zur Fristung seines Lebens gebrauchen zu können, alle anderen noch so freigebig erteilten Freiheiten nicht das geringste nützen, daß er vielmehr ein Knecht desjenigen bleiben muß, von dessen gutem Willen seine Existenz abhängt.

Aber die Freiländer haben sich des ferneren nicht begnügt, dieses Recht auf das Leben im Prinzipe zu verkünden; sie sind weiter gegangen und haben jedermann auch jene Mittel gesichert, die notwendig sind, um dieses gute angeborene Menschenrecht praktisch auszuüben. Nicht etwa in der Weise, daß jedermann von Gesamtheitswegen mit dem, was er zur Fristung seines Lebens braucht, versehen würde; sie denken nicht daran, die Gesamtheit für den einzelnen sorgen zu lassen, meinen vielmehr, daß es jedermanns Sache sei, für sich selber zu sorgen. „Jedem das Seine", ist ihr Wahlspruch, ganz ähnlich dem Wahlspruche der bürgerlichen Welt, mit dem Unterschiede aber, daß dieses jedermann gebührende Seinige nach freiländischer Auffassung das ist, was jedermann selber hervorbringt, während es nach bürgerlicher Auffassung dasjenige ist, was sich jedermann auf welche Weise immer anzueignen vermag, sofern er nur dabei die über Mord, Raub, Diebstahl und Betrug geltenden Satzungen nicht verletzt.

Des ferneren aber glauben die Freiländer beileibe nicht, daß zur Einrichtung der menschlichen Wirtschaft auf diesen soeben entwickelten Grundsätzen eine besonders künstliche Organisation vonnöten sei. Auch in diesem entscheidenden Punkte haben sie mit den früheren Socialisten oder Kommunisten nichts gemein, halten sich vielmehr an den Grundsatz der bürgerlichen Welt, daß sich durch das freie Spiel der wirtschaftlichen Kräfte die möglichste Harmonie aller wirtschaftlichen Interessen ganz von selber einstelle. Um Vorsorge dafür zu treffen, daß alle Bedürfnisse der Gesamtheit in der denkbar vollkommensten Weise befriedigt werden, sei nichts anderes notwendig — so sagen sie — als jeden einzelnen möglichst ungestört unter der Triebfeder der ihm angeborenen natürlichen wirtschaftlichen

Beweggründe handeln zu lassen. Die Meinung, es könne irgendwie notwendig sein, von Staatswegen dafür zu sorgen, daß jene Dinge erzeugt werden, deren man gerade bedürfe, laufe auf dasselbe hinaus, als ob man es für notwendig hielte, das Wasser eines Flusses in Fässern und Tonnen thalab zu befördern, aus Angst, daß es andernfalls bergauf fließen würde. Wo jedem gehöre, was er erzeuge, und wo ein freier Markt bestehe, auf welchem die eigenen Erzeugnisse gegen die Güter des eigenen Bedarfs umgetauscht werden, dort verstehe es sich ganz von selbst, daß jedermann erzeugen werde, was dem allgemeinen Bedarfe entspricht, weil er ja nur unter dieser Voraussetzung den eigentlichen Zweck seiner Thätigkeit erreichen könne, der in nichts anderem besteht als in der Absicht, bei möglichst geringer Plage die eigenen Bedürfnisse möglichst reichlich zu befriedigen. Das könne aber jedermann nur, wenn er solche Dinge verfertige, wie sie dem Bedarfe entsprechen, und den Eigennutz der Arbeitenden frei gewähren lassen, sei daher die beste Methode, die Produktion in einer dem allgemeinen Wohle entsprechenden Weise zu organisieren.

Man sieht, das ist Punkt für Punkt die Lehre, welche schon vor anderthalb Jahrhunderten Adam Smith verkündet hat und deren Richtigkeit nicht erst bewiesen zu werden braucht. Seltsam ist nur, daß man bisher von der Meinung ausging, diese zur höchsten wirtschaftlichen Harmonie führende Wirkung des freiwaltenden Eigennutzes habe zur Voraussetzung, daß nicht alle, sondern bloß einige wenige Menschen thun und lassen können, was ihnen ihr Eigeninteresse vorschreibt. Die große Mehrzahl — so glaubte man — müsse gezwungen sein zu thun, nicht was ihr selbst, sondern was anderen nützt, dann erst sei sicher, daß geschehen werde, was allen nützlich ist. In Freiland nimmt man die Lehre Smiths buchstäblich; man räumt die der freien Bethätigung des Eigeninteresses entgegenstehenden Hindernisse für alle hinweg und hält sich daraufhin erst recht überzeugt, daß der Erfolg dem Interesse aller entsprechen werde.

Künstliche Maßnahmen und Einrichtungen welcher Art immer zu gedeihlicher Fortführung der Arbeit erachten die Freiländer schon aus dem Grunde für überflüssig, weil sie behaupten, daß die bei ihnen geltenden wirtschaftlichen und socialen Satzungen durchaus der menschlichen Natur entsprechen, ein vollkommen natürlicher Zustand der Dinge sich aber am besten aus sich selber heraus erhalte und fortentwickle. Bekanntlich sagt das nämliche auch der bürgerliche Liberalismus; auch er erklärt, der wirtschaftliche und sociale Zustand, wie er ihn aufrecht erhalten wolle, entspreche der menschlichen Natur. Und auch er zieht daraus die Schlußfolgerung, daß seine Wirtschaft am besten gedeihen und sich entwickeln würde, wenn man sie ohne jeden gewaltsamen Eingriff sich selber überließe. Auf welcher Seite die Wahrheit liegt, ist — für mich zum mindesten — klar wie das Sonnenlicht. Ich glaube, es entspricht der menschlichen Natur, zu arbeiten, damit man selber, nicht aber damit andere genießen, was man hervorgebracht hat, und nicht dem geringsten Zweifel unterliegt es in meinen Augen, daß die bürgerliche Wirtschaft sich auch nicht einen Tag lang erhalten könnte, überließe man sie sich selber, d. h. entzöge man ihr den Schutz der Staatsgewalt. Sich den in der bürgerlichen Welt geltenden socialen Satzungen zu fügen, dazu müssen neun Zehnteile aller Menschen gewaltsam gezwungen werden, denn diese Satzungen widersprechen ihren wichtigsten, ureigensten Interessen. Die freiländische Wirtschaft dagegen bedarf eines solchen Schutzes zu ihrem Fortbestande wirklich nicht, weil in ihr die Interessen aller gleichmäßig gewahrt sind. Um hier die Ordnung zu stören, müßten einzelne die Macht besitzen, ihren Willen den anderen aufzuerlegen; diese Macht aber besitzen sie eben infolge der vorweg hergestellten wirklichen Gleichberechtigung aller, nicht, sie kann ihnen niemals zuteil werden, so lange die freiländischen Einrichtungen fortbestehen, denn niemals, so lange dies der Fall ist, kann es geschehen, daß irgend ein Freiländer abhängig wird vom guten Willen oder von der Laune eines Nebenmenschen. Es kann geschehen und geschieht auch in Freiland jederzeit, daß der eine, weil er geschickter, fleißiger oder sparsamer ist als der andere, reicher wird als dieser; aber diesen seinen höheren Reichtum kann er stets bloß dazu benutzen, mehr zu genießen als dieser, niemals aber dazu, sich dessen Kräfte dienstbar zu machen. Denn auch der ungeschickteste, nachlässigste, sorgloseste Freiländer ist in der Verwertung seiner Arbeitskraft auf die Mittel anderer nicht angewiesen, da alles, wessen er zu diesem Behufe bedarf — nämlich Boden und Kapital — ihm unter *allen* Bedingungen zu uneingeschränkter, freier Verfügung steht.

Dies die Grundzüge der freiländischen Einrichtungen. Man sieht, dieselben laufen dem Wesen nach auf nichts anderes hinaus, als auf die Verwirklichung gerade jener Prinzipien, welche die bürgerliche Gesellschaft stets als die ihrigen verkündet, niemals aber befolgt hat. Freiland ist die endliche Bewahrheitung all dessen, was die Kulturwelt sich bisher selber vorgelogen; es thut gar nichts anderes, als was stets gethan zu haben, der moderne Liberalismus von sich selbst behauptet.

Es verkündet die Gleichberechtigung — das thut die bürgerliche Welt auch; aber Freiland macht die Gleichberechtigung zur Wahrheit, die bürgerliche Welt lügt sie bloß; was sie verwirklicht, ist die Ausbeutung.

Es verkündet die Freiheit — die bürgerliche Welt desgleichen; aber die Freiheit Freilands ist Wahrheit, die der bürgerlichen Welt eine Lüge mit dem richtigen Namen „Knechtschaft".

Es verkündet den Eigennutz als Triebfeder der Arbeit —

genau so die bürgerliche Welt; aber in Wahrheit kennt bloß Freiland Arbeit zu eigenem Nutzen des Arbeitenden, während die bürgerliche Welt den Eigennutz als Triebfeder ihrer Arbeit erlügt; was *sie* kennt, ist Arbeit zu fremdem Nutzen, oder Nutzen aus fremder Arbeit.

Die Art und Weise, wie alle diese Prinzipien in Freiland ihre praktische Durchführung finden, wird sich aus dem nachfolgenden ergeben; schaden jedoch kann es nicht, wenn ich zu vorläufiger Orientierung das freiländische Grundgesetz hier im Wortlaute wiedergebe. Dasselbe besteht bloß aus fünf Absätzen, welche lauten:

1. Jeder Bewohner Freilands hat das gleiche unveräußerliche Anrecht auf den gesamten Boden und auf die von der Gesamtheit beigestellten Produktionsmittel.

2. Frauen, Kinder, Greise und Arbeitsunfähige haben Anspruch auf auskömmlichen, der Höhe des allgemeinen Reichtums billig entsprechenden Unterhalt.

3. Niemand kann, sofern er nicht in die Rechtssphäre eines andern greift, in der Bethätigung seines freien individuellen Willens gehindert werden.

4. Die öffentlichen Angelegenheiten werden nach den Entschließungen aller volljährigen (mehr als zwanzigjährigen) Bewohner Freilands ohne Unterschied des Geschlechts verwaltet, die sämtlich in allen, das gemeine Wesen betreffenden Angelegenheiten das gleiche aktive und passive Stimm- und Wahlrecht besitzen.

5. Die beschließende sowohl als die ausübende Gewalt ist nach Geschäftszweigen geteilt und zwar in der Weise, daß die Gesamtheit der Stimmberechtigten für die hauptsächlichen öffentlichen Geschäftszweige gesonderte Vertreter wählt, die gesondert ihre Beschlüsse fassen und das Gebaren der den fraglichen Geschäftszweigen vorstehenden Verwaltungsorgane überwachen.

Viertes Kapitel

Wer mir in Freiland die Stiefel putzte und wie es dort in den Straßen aussieht. Das Eigentum an Wohnhäusern.

Die Sonne stand schon ziemlich hoch, als ich am ersten Morgen meines Aufenthaltes in Edenthal erwachte. Trotzdem war es noch recht kühl, und erfrischend wehte die balsamische Luft zum offenen Fenster herein, so daß ich die behagliche Wärme der mir am Abend durch ihre Dichte und Schwere aufgefallenen Bettdecken wohlig empfand. Edenthal liegt gerade unter dem Äquator, es sollte mich nicht wundern, wenn derselbe mathematisch genau just durch mein Zimmer hindurchzieht; man wäre also versucht zu meinen, daß es hier stets gleichförmig heiß sein müsse und daß besondere Verwahrungen gegen die Nachtkühle zu den denkbar überflüssigsten Dingen gehören. Dem ist jedoch nicht so; ein in der Nähe des Bettes angebrachtes Minimal- und Maximalthermometer zeigte, daß die Temperatur des Nachts bis auf 9 Grad Celsius gesunken war und auch jetzt — es war bereits acht Uhr morgens — erst 16 Grad Celsius erreicht hatte.

Den Sonnenaufgang, der in diesen Breiten jahraus jahrein pünktlich um sechs Uhr stattfindet, hatte ich also um zwei Stunden verschlafen. Das ärgerte mich, denn ich war ungeduldig, die Stadt und mehr noch die Einrichtungen Freilands kennen zu lernen, und so beschloß ich denn, rasch aufzustehen.

Der Drücker einer elektrischen Klingel zu meinen Häupten deutete darauf hin, daß hier — was mich allerdings

Wunder nahm — auf Wunsch Bedienung zu haben sei. Wenige Sekunden, nachdem ich geklingelt hatte, betrat ein Mann das Gemach, der sich in seiner Kleidung sowohl als in seinem übrigen Auftreten in nichts von jenen anderen Freiländern unterschied, die ich auf der Reise bis dahin zu sehen Gelegenheit hatte. Er fragte in höflichem, aber sichergeschäftlichem Tone nach meinem Begehren.

„Sie entschuldigen" — so leitete ich die Konversation ein — „daß ich Sie zu mir bemüht habe. Ich weiß sehr wohl, daß hier in Freiland Gleichheit herrscht, daß es keine Herren und Diener giebt; aber diese Klingel hier verlockte mich, von ihr Gebrauch zu machen, und so bitte ich Sie denn, mir unerfahrenem Fremdling zu erklären, erstens, wozu es in freiländischen Hotelzimmern Klingeln giebt, und zweitens, wo ich die zum Reinigen meiner Kleider erforderlichen Utensilien erhalten kann."

„Ihre Vermutung bezüglich der Klingel hat Sie nicht getäuscht," war die lächelnd abgegebene Entgegnung. „Ich bin einer der sechs Hoteldiener, die abwechselnd hier Tag und Nacht zur Verfügung unserer Gäste stehen. Dagegen mache ich Sie darauf aufmerksam, daß Sie, um die Kleider gereinigt zu erhalten, hinkünftig besser thun werden, dieselben schon am Abend an den zu diesem Behufe vor Ihrer Thür angebrachten Haken zu hängen. Denn jedes Läuten kostet Geld, nebenbei bemerkt, genau halb so viel, als die Benutzung des Zimmers für einen ganzen Tag, d. i. fünfundzwanzig Pfennig, während, wenn Sie die soeben angedeutete Vorsicht gebrauchen, Ihre Kleider und Ihr Schuhwerk ohne weiteres von den Kleiderreinigern abgeholt und zeitig morgens an der gleichen Stelle hinterlegt werden. Auch das kostet fünfundzwanzig Pfennig täglich, aber Sie ersparen doch die unnütze Ausgabe für mich."

„Also Sie sind eine Art Kellner und es giebt hier außerdem noch Hausknechte zum Putzen der Kleider und Stiefel? Wie vereinbart sich das mit der freiländischen Gleichheit? Und warum kostet das einmalige citieren Ihrer Person so viel, wie der doch jedenfalls anstrengendere Dienst des Hausknechtes, und beides zusammen so viel wie der Tagespreis dieses ganzen so nett eingerichteten Zimmers?" konnte ich mich nun nicht enthalten zu fragen.

„Die Gleichheit, wie wir sie in Freiland verstehen, leidet nicht im geringsten darunter, wenn ich und meine Kollegen von der ‚Gesellschaft für persönliche Dienstleistungen' uns zur Befriedigung Ihrer Wünsche zur Verfügung halten und wenn andere Kollegen von derselben Gesellschaft Ihre Kleider reinigen. Wir sind eben Geschäftsleute, Arbeiter, die in solcher Weise ihren Erwerb suchen. Wird Ihre persönliche Würde Schaden nehmen, wenn Sie morgen für uns Kleider oder Stiefel verfertigen, Häuser bauen oder Bücher schreiben? Jeder leistet eben, was er kann und was am besten seinem Nutzen entspricht, und einen Unterschied kennen wir nur insoweit, als schwierige, unangenehme oder besondere Fähigkeiten erfordernde Arbeiten besser entschädigt werden müssen als leichte, angenehmere, alltägliche. Ich z. B. könnte ebensogut auch als Gärtner oder als Schreiber in irgend einem Bureau meinen Verdienst suchen; aber in der Gärtnerei würde ich, weil dort die Arbeit leicht und angenehm zugleich ist, bloß dreieinhalb Mark stündlich erwerben, die sitzende Lebensweise in einem Bureau gefällt mir nicht, und so habe ich denn mein derzeitiges Geschäft gewählt, wo ich nahezu fünf Mark stündlich verdiene, ausreichende Bewegung mache, was mir sehr dienlich ist und mitunter recht interessante Bekanntschaften anknüpfen kann, was meinen Neigungen gleichfalls in hohem Grade zusagt. Dabei halte ich mich für einen Gentleman und alle meine Mitbürger halten mich dafür; hätte ich nur sonst das Zeug dazu, so würde sich wegen meiner Beschäftigung niemand in Freiland besinnen, mir seine Stimme für ein Abgeordnetenmandat zu geben, wenn ich mich darum bewürbe. Genau das nämliche gilt natürlich von meinen Kollegen aus der Kleiderreinigungsbranche; niemand fällt es auch nur im Traume ein, zwischen ihrer Arbeit und derjenigen eines beliebigen anderen irgend welchen Unterschied zu machen. Wohin kämen wir auch, wenn dies geschähe? Gezwungen kann man hier zu keiner Arbeit werden, es steht einem jeden von uns die Wahl zwischen allen Berufen frei, insofern man zu deren Ausübung geeignet ist; würde nun irgend welchen besonderen Dienstleistungen auch nur der geringste Makel in der öffentlichen Meinung anhaften, so würde sich natürlich niemand finden, sie auszuüben. Dann wären z. B. Sie genötigt, Ihre Kleider selber zu reinigen, Ihr Zimmer selber aufzuräumen u. s. w., während Sie vielleicht ein Gelehrter sind, dessen Zeit weit ersprießlicher mit anderen Gedanken, oder ein Geschäftsmann, dessen Zeit weit nützlicher mit anderen Verrichtungen ausgefüllt ist.

„Was aber die Preise unserer Dienstleistungen anlangt, so richten sich diese, wie die Preise aller Dinge in Freiland, nach dem erforderlichen Arbeitsaufwande. Es ist wahr, die Erledigung eines kleinen Auftrages, den Sie mir etwa erteilen mögen, kostet scheinbar weniger Zeit als das umständliche und gewissenhafte Reinigen Ihrer Kleider, aber das ist eben nur scheinbar so. Ich mit meinen engeren Kollegen muß mich für jeden Ihrer zufälligen Wünsche jederzeit bereit halten, selbst nachtsüber, da es ja immerhin möglich ist, daß Sie aus irgend einem Grunde, z. B. wegen eines plötzlichen Unwohlseins, auch des Nachts unser dringend bedürfen; deshalb sind für dieses Hotel sechs Aufwärter angestellt, die abwechselnd Tag und Nacht Dienst haben, und Sie werden es nur gerecht finden, daß uns auch die Wartezeit vergütet werden muß. Das Kleiderreinigen dagegen kann zu bestimmten Stunden für alle Hotelbesucher gleichzeitig vollbracht werden, und da dabei sehr sinnreiche Maschinen Verwendung finden, so ist der Zeitaufwand für die damit beschäftigten Arbeiter verhältnismäßig gering. Und die Zimmermiete vollends ist ja nichts anderes als jene Summe, die erforderlich ist, um die Herstellungskosten des Zimmers während der ganzen Dauer seiner Benutzbarkeit abzutragen. Fünfzig Pfennig täglich machen, wenn man dreihundert Miettage im Jahre rechnet, einhundertundfünfzig Mark jährlich: das genügt reichlich, um das hineingesteckte Kapital bis zum Zeitpunkt seiner Abnutzung abzutragen und etwa erforderliche Reparaturen und Neuanschaffungen zu decken."

Ich kann nicht verschweigen, daß mir die Sicherheit, auch in Freiland meine Stiefel nicht selber putzen zu müssen, trotz aller meiner Begeisterung für Gleichberechtigung einen kleinen Stein vom Herzen wälzte. Zwar hatte ich das auch während der ganzen Reise nicht nötig gehabt, auf dem Schiffe so wenig als in Lamu und in Hargazzo; aber ich hatte mir das eben damit erklärt, daß außerhalb Freilands das freiländische Wesen auch von der freiländischen Verwaltung selber noch nicht in aller Reinheit gehandhabt werde. Diese Meinung wurde insbesondere dadurch bestärkt, daß es in Lamu und Hargazzo Neger waren, die ich mit der Bedienung der Reisenden beschäftigt fand. Und ich hatte mir eingebildet, daß diese Neger von den Freiländern zu Hantierungen benutzt oder doch zugelassen würden, denen sie sich selber nicht unterziehen wollen. Dies erwies sich nun als Irrtum und ich will nebenbei bemerken, daß die schwarzen Diener in Lamu und Hargazzo ebenso zu einer Association vereinigt und ganz nach denselben Grundsätzen organisiert sind, wie ihre kaukasischen Berufsgenossen in Freiland.

Nachdem ich mich angekleidet und im Hotelsaale mein Frühstück eingenommen hatte, welches aber nicht von der Hotelgesellschaft selber, sondern von der Edenthaler Speisenassociation hergestellt wird — die Hotelgesellschaft besorgt bloß Bau und Einrichtung der Gebäude und beschränkt sich im übrigen auf die Beaufsichtigung des ganzen Betriebes — betrat ich die Straßen der Stadt.

Es war jetzt — die Uhr zeigte nahezu die zehnte Stunde — schon ziemlich warm, 22 Grad Celsius im Schatten. Ich will hier gleich bemerken, daß die Hitze in der Regel um ein Uhr ihren Höhepunkt erreicht; an diesem ersten Tage, gegen Ende des zu den minder heißen Monaten des Jahres zählenden Mai, betrug das Temperaturmaximum 28 Grad Celsius; das überhaupt vorkommende Jahresmaximum ist 33 Grad Celsius, also eine ganz respektable Hitze, die jedoch nur selten eintritt, keineswegs häufiger, wie in Europa mit vielleicht alleiniger Ausnahme von England, Norwegen und des nördlichen Rußland. Von jener Qual für Mensch und Tier, die im gemäßigten Europa heiße Sommertage in der Regel mit sich bringen, weiß man jedoch hier unter dem Äquator in 1700 Meter Seehöhe nichts, und zwar aus verschiedenen Gründen. Erstens ist die Luft so rein und dünn, daß jenes Gefühl des beängstigenden Druckes, welches in unseren Breiten große Hitze zumeist hervorbringt, gar nicht entstehen kann; zum zweiten wehen hier in Edenthal gerade während der heißen Tagesstunden stets die erfrischenden Brisen vom Kenia herab; drittens aber und hauptsächlich weiß man sich hier vortrefflich gegen die Sonnenhitze zu schützen. In den Mittagsstunden arbeitet niemand im Freien und auch in den gedeckten, kühlen und luftigen Werkstätten werden um diese Tageszeit nur wenige Betriebe im Gang erhalten. Von zwölf Uhr vormittags bis drei Uhr nachmittags speisen, baden, lesen und ruhen die Freiländer. Auch die Straßen sind in diesen Stunden minder lebhaft besucht, trotzdem hier die überall vorhandenen mehrfachen Palmenreihen mit ihren tiefen, kühlen Schatten jede wirkliche Belästigung durch die Hitze fernhalten.

Diese prachtvollen Alleen und die wunderlieblichen Gärten, welche sie auf beiden Seiten einsäumen, verleihen ganz Edenthal sein charakteristisches Gepräge. Jede freiländische Familie bewohnt ihr eigenes Wohnhaus und jedes derselben ist von einem 1000 Quadratmeter großen Garten umgeben. Diese Häuschen sind Privateigentum der Bewohner und dienen, gleich den dazu gehörigen Gärtchen, zu deren Privatgebrauch. Die Freiländer anerkennen zwar im allgemeinen keinerlei Grundeigentum, gehen vielmehr von der Anschauung aus, daß der Boden jedermann zur beliebigen Verfügung anheimgegeben sein müsse, was im buchstäblichsten und weitesten Sinne des Wortes so zu verstehen ist, daß jeder Freiländer jeden ihm beliebigen Boden jederzeit bearbeiten dürfe. Aber das bezieht sich eben nur auf Boden, der zur Bearbeitung, nicht aber auf jenen, der zum Bewohnen bestimmt ist. Daß es jedermann gestattet ist, seine Arbeitskraft wo immer zu verwerten, schließt nach freiländischer Auffassung nicht aus, daß jedermann das Recht beanspruchen dürfe, ein Stückchen Erde, wo er ungestört von anderen seinen Wohnsitz aufschlagen könne, für sich allein zu beanspruchen. Auch die Tiere besitzen ja ihre Höhlen und Nester für sich, teilen diese mit niemand und wissen trotzdem nichts von Grundeigentum. Der Unterschied zwischen ursprünglichem Naturrecht und freiländischem Recht in dieser Beziehung besteht bloß darin, daß sich die Tiere nach Laune und Zufall ihre Wohnstätten wählen, während die Freiländer übereingekommen sind, hinsichtlich des Ausmaßes und der Anordnung der zur Anlage ihrer Wohnsitze dienenden Bodenflächen eine feste Ordnung aufzustellen, eine Art Baupolizei, deren Handhabung Sache ihrer Behörden ist. Die Baubehörde hat zu bestimmen, welcher Boden zu bebauen sei und welcher nicht, sie parzelliert die Bauflächen, sorgt für Anlegung von Straßen, Kanälen u. dergl. und überwacht insbesondere, daß auf keiner Bauparzelle mehr als ein Wohnhaus entstehe. Es ist zwar niemand verboten, auf brachliegendem Boden auch ohne ausdrückliche Zustimmung der Baubehörde sein Wohnhaus zu errichten, aber er hat es sich dann nur selber zuzuschreiben, wenn vielleicht späterhin andere Leute denselben Boden zu anderen Zwecken benutzen wollen, woran sie zu hindern er, auf sich allein angewiesen — und das wäre er natürlich in diesem Falle — weder das Recht noch die Macht besitzt. Um sich dagegen zu schützen und um Anspruch auf volle Entschädigung für den Fall zu erlangen, daß der zu einem Wohnhause ausersehene Boden vielleicht nachträglich zu anderen Zwecken in Anspruch genommen wird, muß die Zustimmung der in dieser Frage durch die Baubehörde vertretenen Gesamtheit eingeholt werden, d. h. man muß zu seinen Bauzwecken entweder solche Grundflächen benutzen, die von vornherein durch die Baubehörde zu diesem Behufe vermessen und angewiesen sind, oder man muß doch die Genehmigung dieser Behörde einholen, wenn man irgendwo bauen will. Eine Abgabe für die Benutzung des Baugrundes wird nicht erhoben.

Endlich ist zu bemerken, daß das ausschließliche Benutzungsrecht bloß unter der Voraussetzung gilt, daß der Baugrund eben nur zur Errichtung der eigenen Wohnstätte benutzt werde. Wer sich etwa ein Geschäft aus dem Bauen und Vermieten von Häusern machen wollte, den würde niemand daran hindern, aber der von ihm zu solchem Zwecke benutzte Boden fiele damit ganz von selber wieder der allgemeinen Benutzung anheim, ja, da er zu derartigen Bauzwecken die Zustimmung der Baubehörden nicht erhalten hätte, so besäße er auch gar keinen Ersatzanspruch für den von ihm gemachten Bauaufwand, wenn andere Leute sothanen Boden benutzen wollten. Natürlich giebt es in Freiland keine Miethäuser im Privatbesitz. Gesellschaften, welche das Vermieten von Wohnräumen zu ihrem Geschäfte gemacht haben, sind allerdings vorhanden; da aber jedermann jederzeit das Recht hat, diesen wie allen anderen freiländischen Gesellschaften beizutreten, so gilt für den von diesen bebauten Boden genau dasselbe, wie von anderem Boden in Freiland: er kann von jedem benutzt werden, der dazu Lust hat.

Doch darüber näheres später. Hervorheben will ich hier nur noch, daß es keinem Freiländer einfällt, sein Wohnhaus, etwa in der Weise der Hinterwäldler in Nordamerika, selber zu bauen. Das läßt er durch Baugesellschaften besorgen, die er dafür und zwar je auf Wunsch entweder auf einmal oder in Jahresraten bezahlt, welch letztere aber — nebenbei bemerkt — in diesem Falle vom Käufer nicht den Baugesellschaften, sondern dem Staate geschuldet sind, indem die Baugesellschaften, wie alle freiländischen Associationen, ihr Betriebskapital vom Staate vorgestreckt erhalten. Natürlich gehören die käuflich erworbenen Häuschen jedem zu freiem Eigentum. Er kann sie verkaufen, verschenken, vertauschen, vererben, ganz nach seinem Belieben.

Die Edenthaler Häuschen zeigen, entsprechend der Verschiedenheit in den Ansprüchen der Eigentümer, mannigfaltige Unterschiede hinsichtlich ihrer Größe und Ausstattung. Es giebt welche, die nicht mehr als fünf Wohnräume aufweisen, und welche, die bis an zwanzig Wohnräume zählen. Einige sind sehr einfach, andere mit viel Geschmack und Luxus ausgestattet. Ihr Alter kann man hier allen Häusern ziemlich genau am Äußern ablesen. Die ältesten, aus den zwei ersten Jahren der Gründung von Freiland herrührenden sind Holzbaracken; doch giebt es deren nur noch sehr wenige, wie mir mitgeteilt wurde, in ganz Edenthal bloß sechs, während alle anderen Bauten aus jener Epoche längst schon durch neuere, schönere und behaglichere ersetzt worden sind, denn der Reichtum der Freiländer ist in ununterbrochenem rapidem Aufschwunge begriffen, und derzeit besitzt der einfachste Arbeiter des

Landes ein Einkommen, genügend groß, um ihm den Luxus eines geschmackvollen, schönen Wohnhauses zu gestatten. Seit fünf Jahren baut man in Edenthal nur noch aus Backsteinen, Stein und Eisen; die Ausführung wird von Jahr zu Jahr vollendeter und reicher. Wie es im Innern der Edenthaler Privathäuser aussieht, darüber werde ich wohl noch zu sprechen haben.

Von öffentlichen Gebäuden giebt es in Edenthal eine große Menge. Die hervorragendsten sind: der Volks- und Regierungspalast, die Centralbank, die Universität, die Akademie der bildenden Künste, drei öffentliche Bibliotheken, vier Theater, die große Centralwarenhalle — ein vier Hektare deckender Riesenbau — eine große Anzahl von Schulen u. s. w. Was bei den meisten dieser öffentlichen Gebäude auffällt, ist der ganz außerordentliche Luxus, der an ihre Ausschmückung gewendet wird; es ist klar, daß die Freiländer großen Kunstsinn haben und diesen in erster Reihe bei ihren öffentlichen Einrichtungen bethätigen; sie gleichen in diesem Punkte den alten Athenern, deren Häuslichkeiten ja auch verhältnismäßig bescheiden eingerichtet waren, während für die schöne Ausstattung öffentlicher Bauten kein Aufwand als zu groß erachtet wurde. Wie ich späterhin erfahren habe, beschäftigt die freiländische Verwaltung nicht bloß eine große Anzahl von Künstlern, die auf Bestellung arbeiten, sondern kauft auch jedes Kunstwerk, das ihr angeboten und von den Kennern als geeignet zur Ausschmückung irgend eines öffentlichen Gebäudes oder Platzes erachtet wird. Welchen Aufschwung unter solchen Verhältnissen die große Kunst nehmen muß, wird der Leser erst dann voll zu ermessen in der Lage sein, wenn ich auf die ungeheueren Mittel zu sprechen kommen werde, welche der Verwaltung von Freiland zur Verfügung stehen.

Ganz außerordentliches geschieht auch für die Pflege der öffentlichen Reinlichkeit und Gesundheit. Die Edenthaler

Wasserleitungen dürften heute schon kaum irgend wo in der Welt ihresgleichen haben und immer noch wird an ihrer Erweiterung gearbeitet; die Abfuhr des Unrats erfolgt mittels eines Systems pneumatischer Aufsaugung; die Straßen sind durchweg makadamisiert, von Schmutz oder Staub ist auf ihnen keine Spur zu sehen; sie sind nach allen Richtungen von einem Netze elektrischer Bahnen durchzogen, die auch alle Vororte mit der Stadt in Verbindung setzen. Sämtliche Fabriken Edenthals sind in diesen Vororten untergebracht, so daß in der Stadt nirgends lästiges Geräusch die nur durch Vogelgesang und Kinderlachen unterbrochene idyllische Ruhe stört. Auch Pferdegetrappel ist nirgends zu hören; es werden zwar Wagen benutzt, doch nicht durch Tiere, sondern durch mechanische Kraft — meist Elektrizität — in Bewegung gesetzt. Im übrigen fehlt es in Edenthal, wie überhaupt in Freiland, keineswegs an Pferden; die Freiländer sind sogar leidenschaftliche Reiter, doch werden Pferde nur zu Ausflügen außerhalb des Weichbildes der Stadt benutzt und die Stallungen befinden sich nicht in den Privathäusern, sondern in Händen von großen Transportgesellschaften, deren Stall- und Wartepersonale seinen Dienst nicht in der bei uns üblichen Weise, sondern — wie fast alles in Freiland — beinahe durchwegs mit Hilfe von Maschinen verrichtet, so daß ein Arbeiter im Durchschnitt für die Wartung von fünfzig Pferden genügt. Das Halten dieser Tiere ist dementsprechend ein Luxus, den sich jeder freiländische Arbeiter gönnen kann, wenn es seinem Geschmacke zusagt, trotzdem selbstverständlich die „Stallknechte" denselben Arbeitslohn beanspruchen und finden, wie durchschnittlich jeder andere freiländische Arbeiter.

Fünftes Kapitel.
Wie ich in Freiland einen Beruf wählte und im Speisehause mein Mittagessen bezahlte.

Nachdem ich meiner Neugierde durch Besichtigung der hervorstechendsten Sehenswürdigkeiten von Edenthal einige Stunden lang Genüge gethan hatte, wobei die mir begegnenden Freiländer bereitwilligst das Amt der Führer und Erklärer übernahmen, entschloß ich mich, vorläufige Orientierung über jene Schritte einzuholen, die ich behufs meiner zukünftigen Beschäftigung in Freiland für notwendig erachtete. Daß hier alle Arbeit, soweit sie nicht, wie z. B. Post, Telegraph, Eisenbahn, Staatssache ist, in Händen großer Produktivgesellschaften ruht, die ihre Erträge an ihre Mitglieder verteilen, und das jedermann das Recht hat, sich einer solchen Gesellschaft anzuschließen, wußte ich, und es galt daher nur, eine meinen Fähigkeiten und Interessen entsprechende Wahl zu treffen. Ebenso war mir bekannt, daß dafür Sorge getragen ist, dem Publikum alle Behelfe zugänglich zu machen, die behufs richtiger Berufswahl nur immer erforderlich sein mögen. Man hatte mir jedoch den Rat gegeben, mich der Bequemlichkeit halber zunächst an das Auskunftsbureau des statistischen Centralamtes zu wenden, und so lenkte ich denn meine Schritte diesem zu.

Der Beamte, der mich empfing, fragte, welchem Arbeitszweige ich mich zuzuwenden gedächte. Meine eigentliche Spezialität war bisher das Maschinenwesen, soweit es in das Bereich des Eisenbahnbetriebes gehörte. In diesem Fache, so erfuhr ich, sei der den Ingenieuren eingeräumte Verdienst derzeit um ein Kleines geringer als in den anderen Maschinenwerkstätten. „Das soll Sie natürlich nicht abhalten,“ fügte der Beamte hinzu, „sich trotzdem dieser Branche zuzuwenden, wenn Sie glauben, gerade in ihr besonders Tüchtiges leisten zu können, denn in diesem Falle können Sie darauf rechnen, durch raschere Beförderung den anfänglichen Minderertrag Ihrer Arbeit sehr schnell auszugleichen.“

„Darauf möchte ich mich denn doch nicht verlassen,“ entgegnete ich in unbewußter Nachwirkung meiner europäischen Erfahrungen. „Wer weiß, ob es mir so sicher gelingen würde, meine Fähigkeiten zur entsprechenden Geltung zu bringen?“

„Sie scheinen zu vergessen, daß es für alle Fälle eine *freiländische* Gesellschaft ist, in welche Sie hier eintreten wollen,“ entgegnete lächelnd der Beamte. „Damit hier Ihre Fähigkeiten — vorausgesetzt natürlich, daß Sie wirklich solche in höherem Maße besitzen — nicht zur Geltung gelangen, müßten Sie dieselben absichtlich geheim halten. Daß hervorragende Fähigkeiten unbeachtet bleiben, ist hier ganz und gar ausgeschlossen. Zwar wird es von den Vorgesetzten abhängen, ob Sie an die Ihnen gebührende Stelle befördert werden, aber diese Ihre Vorgesetzten selber sind insofern abhängig von ihren Untergebenen, als sie ihre Stellung einer jederzeit widerruflichen Wahl verdanken und dieser Widerruf ganz gewiß stattfinden würde, bemerkte man, daß die Direktoren sich bei ihren Entscheidungen durch andere als rein sachliche Beweggründe leiten lassen.“

„Und wer bürgt dafür,“ so fragte ich, „daß diese Untergebenen sich meiner annehmen, für den Fall, daß mir Unrecht geschieht?“

„Nun, zunächst deren eigenes Interesse. Diese Untergebenen sind ja keine mit festem Lohn abgefundenen Söldlinge, sondern gleichberechtigte Teilnehmer des

Geschäftes, und die Höhe des Anteils, welchen sie aus dem Unternehmen ziehen, hängt stets von der größeren oder geringeren Geschicklichkeit ab, mit welcher diese Geschäfte besorgt werden. Können Sie nicht auch in Europa überall dort, wo der Eigentümer des Geschäftes der oberste Leiter desselben ist, darauf rechnen, an die richtige Stelle gesetzt zu werden, sowie nur der Herr erkannt hat, wo er Sie am besten für sich verwerten kann? Nun denn, in Freiland werden Ihre Kollegen, Sie mögen wo immer eintreten, eben diese Herren des Geschäftes sein."

Es versteht sich von selbst, daß mich diese Auseinandersetzung sehr wesentlich beruhigte; indessen stellte ich doch — wenn auch nur zu meiner Belehrung — die Frage, ob denn auch Sicherheit dagegen vorhanden wäre, daß nicht etwa meine zukünftigen Vorgesetzten in Übereinstimmung mit meinen zukünftigen Kollegen, ja vielleicht sogar in deren ausdrücklichem Auftrage mich chikanieren würden, um mir die Teilhaberschaft an ihrem Geschäfte zu verleiden.

„Damit das möglich sei," lautete die Auskunft, „müßte ein solcher Auftrag ganz im geheimen nicht bloß erteilt, sondern auch ausgeführt werden, d. h. es dürfte niemand in ganz Freiland merken, daß in der fraglichen Gesellschaft derlei Absperrungsgelüste vorwalten. Denn unser Grundgesetz gebietet, daß der Eintritt in jede Association jedem freistehen müsse, der dazu geeignet sei. Die Direktoren oder wen sonst die Generalversammlung der Genossen mit diesem Amte betraut, haben allerdings das Recht, über die thatsächliche Verwendung der sich Anmeldenden zu entscheiden; sie können ihres Erachtens ganz Unfähige auch gänzlich unverwendet lassen oder allenfalls zu bloßen Handlangerdiensten gebrauchen. Gewinn aus dem Unternehmen zieht nun jedermann bloß nach Maßgabe seiner thatsächlich geleisteten Dienste, und wen man daher nicht dazu gelangen ließe, etwas zu leisten, der hätte wenig oder nichts von seinen Fähigkeiten. Sowie aber die öffentliche Meinung dahinter käme, daß man fähige Bewerber planmäßig fernhalte, würde sie derartigen Umtrieben sehr rasch ein Ende machen."

„Wieso?" — fragte ich. „Die Gesellschaften sind doch ganz unabhängig, der Staat enthält sich jeder Einmischung und es bleibt, wenn ich recht unterrichtet bin, den Genossen anheimgegeben, über alle Angelegenheiten des eigenen Betriebes zu entscheiden?"

„Da sind Sie ganz recht berichtet. Aber Sie vergessen, daß jeder Freiländer das Recht hat, Genosse jeder beliebigen freiländischen Gesellschaft zu werden; es bedarf zu diesem Behufe bloß einer einfachen Anmeldung, denn die Direktoren entscheiden bloß über die Verwendung der Mitglieder, nicht aber über die Mitgliedschaft selber. Nun werden Sie einsehen, daß es niemand in Freiland gleichgültig mit ansehen könnte, wenn irgend eine freiländische Gesellschaft sich gegen die Grundlage aller unserer socialen Einrichtungen, die volle Freizügigkeit der Arbeitskräfte, versündigte. Jedermann muß jederzeit die Möglichkeit haben, jede seinen Fähigkeiten entsprechende Arbeit zu ergreifen; ganz Freiland weiß, daß die gewissenhafte Beachtung dieses Grundsatzes die Voraussetzung ist, auf welcher sich unsere Freiheit wie unser Wohlstand aufbauen. Wenn man also merken würde, daß irgendwo dieser Grundsatz verletzt wird, so würde sich sofort die halbe Arbeiterschaft von Freiland in einer solchen Gesellschaft anmelden, bloß zu dem Zwecke, um durch ihr Votum in der Generalversammlung die Direktion zu beseitigen. Das alles ist so selbstverständlich, daß nur Thoren auf den Gedanken geraten könnten, derartige Experimente zu versuchen, und am allerwenigsten giebt es einen Direktor, der sich dazu bereit finden ließe."

„Ich bin vollkommen beruhigt," antwortete ich. „Aber Sie gestatten wohl, daß ich nun das entgegengesetzte Bedenken äußere. Da es so gefährlich ist, fähige Bewerber abzuweisen und die Meinungen über Fähigkeit und Unfähigkeit doch sehr weit auseinandergehen können, so meine ich, daß unsere Direktoren um ihrer eigenen Sicherheit willen Krethi und Plethi anstellen werden. Das kann doch unmöglich für die Tüchtigkeit des Betriebes förderlich sein?"

„Richtig," schmunzelte der Beamte. „Dabei könnte kein vernünftiger Betrieb bestehen; aber gerade weil es so ist, versteht sich ganz von selbst, daß die Direktoren die öffentliche Meinung nicht zu fürchten brauchen, sofern sie nur ihre Entscheidungen vor dem eigenen Gewissen zu verantworten vermögen. Denn gerade so, wie jeder Freiländer weiß, daß die Freizügigkeit die Grundlage unserer gesellschaftlichen Ordnung ist, ebenso weiß er, daß vernünftiger, geordneter Betrieb aller Gesellschaften die Grundlage unseres Reichtums ist. Und da gerade wegen unserer Freizügigkeit, die es jedermann ermöglicht, die Stätte des höchsten Verdienstes aufzusuchen, das Gedeihen jeder einzelnen Gesellschaft in jedermanns unmittelbarem Interesse liegt, so hat auch jedermann ein unmittelbares Interesse, alles zu vermeiden, was diesen gedeihlichen Betrieb stören könnte. Man hütet sich also vor leichtfertigen Eingriffen in das Verfügungsrecht der Betriebsleitungen. Es wird keinem Freiländer beifallen, für Sie Partei zu ergreifen gegen einen Direktor, der Sie nicht Ihren Wünschen entsprechend verwendet, Sie mögen noch so großen Lärm in den Zeitungen darüber schlagen, ja es mag Ihnen sogar gelingen, zahlreichen Personen glaubhaft zu machen, daß Ihr Direktor es an richtigem Verständnisse für Ihre Talente habe fehlen lassen. Auch diejenigen, die Ihnen das glauben, werden sich doch sagen, daß es nicht angehe, sich in solchen Fragen zum Richter über die Betriebsleitung aufzuwerfen. Ja selbst, wenn sich die Meinung verbreiten sollte, daß der fragliche Direktor ganz unfähig sei, die Eigenschaften seiner Untergebenen richtig zu beurteilen, wird noch immer kein außerhalb der fraglichen Gesellschaft stehender freiländischer Arbeiter sich anmaßen, helfen zu wollen, da er sich sagen wird, über die *Tüchtigkeit* der Direktoren zu wachen, sei ausschließlich Sache der in der fraglichen Gesellschaft thatsächlich beschäftigten Arbeiter. Kurzum, damit sich die öffentliche Meinung Freilands für Sie interessiere, dazu ist nicht bloß notwendig, daß Sie einen Irrtum, sondern daß Sie bösen Willen der Betriebsleitung nachweisen und daß überdies die Meinung entstehe, die Majorität Ihrer Genossen sei mitschuldig an diesem bösen Willen. Erst in einem solchen Falle bemächtigt sich die öffentliche Meinung der Frage und die Entscheidung erfolgt dann in einer Generalversammlung der solcherart angeklagten Gesellschaft, an welcher Generalversammlung jedermann teilnimmt, der sich für die Sache interessiert."

Der Beamte sagte mir hierauf noch, daß ich nähere Anhaltspunkte über alles, was mir für die Wahl meiner zukünftigen Arbeitsstätte nützlich wäre, aus den überall erhältlichen und insbesondere auch in den öffentlichen Leseanstalten und Bibliotheken aufliegenden Ausweisen des statistischen Centralamtes, sowie in den auf Grund dieser Ausweise gemachten Auszügen und Erläuterungen der unterschiedlichen Fachblätter ersehen könne. Ich verabschiedete mich daher und begab mich zunächst, da die Speisestunde herangenaht war, in eine jener großen Speiseanstalten, in denen alle Freiländer, welche nicht eine eigene Haushaltung führen oder es aus irgend welchem Grunde vorziehen, einmal außer Hause zu speisen, ihre Mahlzeiten zu halten pflegen. Diese Restaurants werden — durchaus fabrikmäßig — von großen Gesellschaften betrieben, und auch die Haushaltungen beziehen ihren Bedarf beinahe vollständig aus dieser Quelle. Die Speisekarte wird täglich in den Zeitungen veröffentlicht und jede Hausfrau bestellt per Telephon die ihr zusagenden Gerichte. Zu diesem Zwecke eigens eingerichtete Wagen befördern die

Speisen von Haus zu Haus und man versichert mich, daß dies nicht bloß wesentlich wohlfeiler, sondern auch weitaus besser sei, als wenn jede Familie daheim kochen würde.

Von beidem konnte ich mich sofort überzeugen: die Speisen waren durchwegs aus dem auserlesensten Materiale mit — ich möchte beinahe sagen — künstlerischer Vollendung bereitet und der Preis stellte sich auf ungefähr die Hälfte dessen, was ich im letzten europäischen Restaurant für eine gleich reichliche Mahlzeit hätte zahlen müssen. Diese Wohlfeilheit ist allerdings zum Teil die Folge davon, daß die Preise aller Rohmaterialien hier am Kenia infolge der unbeschreiblichen Üppigkeit der Natur fabelhaft billig sind; aber sie erklärt sich wohl auch dadurch, daß sich durch die Fabrikation im großen die Zubereitungskosten, trotz aller Sorgfalt, die darauf verwendet wird, unverhältnismäßig niedrig gestalten. Ein Küchendirektor, fünf Aufseher und zwanzig Arbeiter — so erfuhr ich — kochen im Tagesdurchschnitt für 27000 Personen. Allerdings stehen ihnen dabei Apparate und Maschinen zur Verfügung, von denen man selbst in den größten europäischen oder amerikanischen Gasthöfen keine Vorstellung besitzt und die daher sehr viel kosten; aber was hat das gegen die außerordentliche Arbeitsersparnis zu bedeuten, insbesondere hier, wo menschliche Arbeitskraft das Wertvollste unter allen Dingen ist!

Nachdem ich gespeist hatte, brachte mir einer der Aufwärter die Rechnung, und da er bemerkte, daß ich ein neuer Ankömmling sei, der über die hiesigen Gepflogenheiten noch nicht vollkommen unterrichtet sein dürfte, so bedeutete er mich, ich möge meinen Namenszug darunter setzen.

„Wozu das?" fragte ich.

„Nun, als Beleg für die Centralbank."

„Speist man denn hier auf Generalunkosten? Was hat die Bank mit meinen Tischrechnungen zu thun?"

„Die Bank wird natürlich den Betrag auf Ihr Konto setzen."

„Aber ich habe kein Konto bei der Bank."

„Nun, dann werden Sie es sich eröffnen lassen, denn hier hat jedermann sein Bankkonto, wo ihm alles gutgeschrieben wird, was er verdient, und alles zu Lasten geschrieben, was er ausgiebt."

„Und wenn ich nun beispielsweise mich hier bloß auf der Durchreise aufhalte und mir gar kein Konto eröffnen lassen will, oder wenn ich hier zu bleiben und trotzdem nichts zu arbeiten beabsichtige? Wer zahlt dann für mich?"

„Darauf lassen wir es getrost ankommen. Im übrigen habe ich noch nichts davon gehört, daß jemand, der einmal in Freiland war, wieder fortgezogen wäre, oder daß ein kräftiger Mann hier nicht arbeiten wollte; und wer wirklich nichts arbeiten will, mit dem haben wir allzuviel Mitleid, als daß wir ihn verhungern ließen. Doch gleichviel, wenn Sie aus irgend welchem Grunde Ihr Konto nicht begleichen, so wird das ein Verlust sein, den wir verschmerzen. Wegen solcher Kleinigkeiten belästigt sich niemand in Freiland mit dem Einnehmen und Ausgeben von Bargeld. Ebensowenig, als Sie irgendwo hier bare Zahlung erhalten werden, ebensowenig wird irgend jemand bare Zahlung von Ihnen verlangen."

Ich dankte dem Mann für die Belehrung, unterfertigte die Rechnung und verabschiedete mich.

Da es erst zwei Uhr nachmittags war und ich daher nicht erwarten konnte, irgend eine Direktionskanzlei geöffnet zu finden, so suchte ich zunächst eine der öffentlichen Bibliotheken auf. Es war das ein gewaltiges Gebäude, in dessen Hofraum sich eine großartige Gartenanlage befindet, nach welcher hin alle Leseräume münden. Man sitzt solcherart halb im Freien, halb im gedeckten Raume, und an der großen Menschenmenge, welche hier teils lesend, teils plaudernd versammelt war, ließ sich sofort erkennen, daß die

Freiländer ihre Bibliotheken mit Vorliebe als öffentliche Versammlungsorte zum Gedankenaustausch und zu mannigfaltigen Unterhaltungen benutzen. Auf der einen Seite des den Hofraum einschließenden Rechtecks herrschte tiefe Stille, denn dort befinden sich die Studiersäle für jenen Teil des Publikums, welcher nicht der Unterhaltung, sondern der Belehrung wegen herkommt; im übrigen aber war allenthalben in den luftigen hohen Sälen und in den bloß durch einen Säulengang von diesen getrennten schattigen Gartenanlagen das lebhafteste Treiben.

Ich erfragte den Saal, in welchem die technischen Fachschriften aufliegen, und war bald in den mich zunächst interessierenden Gegenstand, nämlich in die Vergleichung der letzten Erträgnisse der verschiedenen Maschinenbauanstalten des Landes, vertieft. Dabei bemerkte ich sofort, daß die Zeitschriften in ihren Artikeln sowohl die Bedürfnisse der gelehrten technischen Fachwelt als die der Arbeiterschaften berücksichtigen. Wer Lust und Verständnis dafür hat, der kann, insbesondere wenn er das in den Ausweisen des statistischen Centralamtes gebotene Urmaterial mit zu Rate zieht, sich über alles, was auf dem Gebiete seines Produktionszweiges nur irgend vorgehen mag, bis in die kleinste Einzelheit unterrichten. Oberster Grundsatz in Freiland ist, daß jedermann, also auch jedes Institut, thun und lassen könne, was ihm beliebt, daß aber die Öffentlichkeit über alles unterrichtet werden müsse, was in der Produktion vorgeht. Die Gesellschaften sind daher verpflichtet, ihre gesamte Buchhaltung öffentlich zu führen. Einkaufs- und Verkaufspreise, Reingewinn und Arbeiterzahl müssen in bestimmten, von der Centralstelle je nach deren Ermessen festgesetzten Zeiträumen mitgeteilt werden, hierauf wird das einlangende Material gesichtet und mit solcher Beschleunigung veröffentlicht, daß ich z. B. aus den mir vorliegenden Tabellen ganz genau ersehen konnte, wie viel Stunden während der abgelaufenen Woche von dem gesamten dort beschäftigten Personale in jenem Institute gearbeitet worden war, auf welches der Beamte des statistischen Centralamtes meine Aufmerksamkeit gelenkt hatte, wie viel von diesen überhaupt geleisteten Arbeitsstunden auf die Handlanger und auf die geschulten Arbeiter, wie viel auf das Aufsichtspersonal und auf die Techniker entfielen und wie hoch sich der auf jeden einzelnen entfallende Gewinnbetrag stelle. Täuschungen sind ganz und gar ausgeschlossen, nicht bloß aus dem Grunde, weil jedermann das Recht hat, in die Bücher jederzeit Einsicht zu nehmen, sondern weil alle Ein- und Auszahlungen durch die Centralbank gehen, die mit dem statistischen Amte in steter Verbindung steht, so daß die von diesem letzteren geforderten Mitteilungen eigentlich mehr den Zweck haben, eine doppelte Kontrolle der so überaus wichtigen, mit zu den Grundlagen der freiländischen Arbeitsorganisation gehörigen Ausweisungen zu ermöglichen.

Den statistischen Tabellen kann jeder Arbeitende auf den ersten Blick entnehmen, wo für ihn momentan der höchste Verdienst zu finden sei. Allerdings ist damit allein noch nicht alles gesagt, denn dieser höchste Verdienst kann in Umständen begründet sein, die manchen abschrecken mögen. Es kann z. B. das Leben in der betreffenden Gegend langweilig oder die Gelegenheit zur Erziehung der Kinder mangelhafter sein als anderwärts in Freiland; das genügt, um freiländische Arbeiter, die ja nicht in Verlegenheit sind, ihre Arbeitskräfte auch unter angenehmen Bedingungen hoch zu verwerten, davon abzuhalten, einer solchen Arbeitsgelegenheit zuzuziehen, auch wenn dort bei gleicher Anstrengung einige Hundert Mark im Jahre mehr zu erzielen wären. Aber es versteht sich von selbst, daß auch darüber in den Ausweisungen Auskunft zu holen ist, ja einzelne der Fachschriften gruppieren die verschiedenen industriellen und landwirtschaftlichen Gewerke geradezu unter solchen Gesichtspunkten und es ist mir z. B. eine Darstellung zu Gesicht gekommen, in welcher eine Wellenlinie anzeigt, wie sich die an den verschiedenen Orten zu erzielenden Gewinste zur Beschaffenheit und Nähe der Theater verhalten. Daß in der That der Gipfelpunkt der Gewinnlinie sich mit dem Tiefpunkte der Theaterlinie schneidet, d. h. daß momentan in Freiland jene Arbeiter die höchsten Gewinne erzielen, welche keine Gelegenheit haben, irgend ein Theater zu besuchen, erwähne ich bloß nebenbei und will auch nicht untersuchen, ob das wirklich auf besondere Schaulust der hiesigen Bevölkerung zurückschließen lasse, oder nicht etwa ein bloßer Zufall sei.

Die Gewinnlinie, die mich persönlich interessierte, nämlich die für Maschineningenieure, zeigte, wie mir bereits bekannt war, bei jenem großen Institute, welches sich mit der Herstellung von Eisenbahnbetriebsmitteln beschäftigt, eine Einsenkung. Da jedoch dieselbe nicht sehr groß war, so entschloß ich mich, bei meiner ursprünglichen Absicht zu beharren und dieser Gesellschaft — sie führt den Namen „Erste Edenthaler Maschinen- und Transportmittel-Baugesellschaft" — beizutreten. Drei Uhr war inzwischen vorüber und ich konnte daher sofort zur Ausführung schreiten.

Sechstes Kapitel.
Das Statut einer freiländischen Erwerbsgesellschaft und die Arbeitserträge.

Die elektrische Bahn brachte mich in zehn Minuten vor den gewaltigen Gebäudekomplex, welchen in einem der südlichen Vororte Edenthals die „Erste Edenthaler Maschinen- und Transportmittel-Baugesellschaft" einnimmt. Eine Orientierungstafel wies mir den Weg zum Aufnahmebureau dieser Anstalt und kurze Zeit darauf stand ich vor dem Vorstandsmitgliede, welches über die vorläufige Verwendung der sich Anmeldenden zu entscheiden hat.

Nachdem ich meinen Wunsch vorgetragen, dem Ingenieurkorps der Gesellschaft zugeteilt zu werden, fragte mich der Direktor zunächst, ob ich über Zeugnisse oder sonstige Papiere verfügte, in denen meine Befähigung nachgewiesen wäre. Ich habe zu diesem Behufe natürlich nichts als die Zeugnisse der technischen Hochschule, doch diese sind vorzüglich, und so erklärte mir denn der Direktor, nachdem er dieselben sorgfältig geprüft, es sei gut, diese Papiere überhöben ihn der Notwendigkeit, mich zuvor einer Prüfung unterziehen zu lassen, er wolle mich sofort der Abteilung für Maschinenkonstruktion zuweisen. Zuvor jedoch müsse ich Einsicht nehmen in die Statuten der Gesellschaft, da es ja immerhin möglich sei, daß irgend ein Paragraph derselben meinen Erwartungen nicht vollkommen entspreche. Dies könne sich natürlich — so fügte er hinzu — nur auf bestimmte Einzelheiten der

Gewinnverteilung beziehen, denn in den Grundzügen glichen sich die Statuten aller freiländischen Associationen. Ich möge das mir hiermit übergebene Blättchen sorgfältig durchlesen und erst wenn mir dessen Inhalt vollkommen zusage, meine Unterschrift unter dasselbe setzen.

„Wozu verpflichtet mich denn diese Unterschrift, wenn ich sie einmal gegeben habe?" so fragte ich.

„Streng genommen, zu nichts oder doch zu so viel als nichts. Sie erklären damit einfach Ihren Beitritt zu unserer Gesellschaft und sind von da ab Mitglied derselben. Sie übernehmen zwar, wie Sie aus dem Paragraph 6 ersehen werden, die Haftung für die Darlehen unserer Anstalt, jedoch, wie derselbe Paragraph sagt, nur nach Maßgabe Ihrer Gewinnbeteiligung, und da Sie am Gewinn nur nach Maßgabe Ihrer geleisteten Arbeit teilnehmen, so haften Sie, so lange Sie nicht gearbeitet haben, thatsächlich für nichts und auch später stets nur in jenem Verhältnisse, in welchem Ihr aus unserm Institute bezogener Gewinnanteil zur Gesamtsumme der seit Beginn der Schuldentstehung für die Gesamtheit aller Mitglieder erwachsenen Gewinne sich stellt. Unsere derzeit aushaftenden Verpflichtungen dem freiländischen Gemeinwesen gegenüber belaufen sich insgesamt auf rund $2^1/_2$ Millionen Pfund Sterling, aber die Gewinne, welche unsere Mitglieder seit dem Bestehen dieser Schulden bisher bezogen haben, summieren sich mit nahezu acht Millionen Pfund Sterling und vermehren sich natürlich mit jedem Tage und mit jeder Stunde des fortlaufenden Betriebs. Wenn Sie also, sagen wir beispielsweise: nach Monatsfrist aus irgend einem Grunde austreten und inzwischen 60 Pfund Sterling Gewinnanteil bezogen haben, so sind Sie — im Momente Ihres Austrittes — bis zur Höhe von 20 Pfund Sterling für unsere Außenstände mitverhaftet und diese Ihre Haftung erlischt, auch wenn Sie uns verlassen, erst dann vollständig, wenn unsere Verpflichtungen, und zwar wohlverstanden jene unserer

Verpflichtungen, die während der Zeit Ihrer Mitgliedschaft entweder schon bestanden oder neu eingegangen wurden, vollständig abgezahlt sind. Sollte, bevor dies eingetreten ist, das Unternehmen aus irgend einem Grunde sich auflösen müssen und aus dem Verkaufe der vorhandenen Maschinen und sonstigen für die Schuld verhafteten Werte diese nicht volle Deckung finden, so würden Sie, auch wenn Sie dann nichts mehr mit uns zu thun haben, doch zur Tragung des auf Sie entfallenden Schadenanteils herangezogen werden. Einige materielle Bedeutung hat also diese Unterschrift immerhin, auch wenn Sie augenblicklich zu nichts verpflichtet, und die Gefahr möglicher zukünftiger Opfer, welche Ihnen schlimmsten Falls auferlegt werden könnten, eine sehr geringe ist. Doch es ist für alle Fälle notwendig, vorher zu erwägen, was man unterschreibt, und ich wiederhole daher meine Aufforderung, das in Ihren Händen befindliche Statutenexemplar bedächtig durchzulesen."

Ich muß gestehen, daß ich trotz dieser Aufklärung, ja gerade infolge derselben die Empfindung einer wirklichen greifbaren Verantwortung, der ich mich durch unmittelbares Unterschreiben der Statuten unterziehen könnte, nicht im geringsten hatte. Da ich jedoch selbstverständlich begierig war, den Inhalt eines freiländischen Gesellschaftsstatuts näher kennen zu lernen, so leistete ich der an mich ergangenen Aufforderung ohne weiteres Folge. Der Wortlaut des Statuts war der folgende:

1. Der Beitritt in die E. E. M. u. Tr.-Baugesellschaft steht jedermann frei, gleichviel ob er zugleich Mitglied anderer Gesellschaften ist oder nicht; auch kann jedermann die Gesellschaft jederzeit verlassen. Über die Verwendung der Mitglieder entscheidet die Direktion.

2. Jedes Mitglied hat Anspruch auf einen, seiner Arbeitsleistung entsprechenden Anteil am Nettoertrage der Gesellschaft.

3. Die Arbeitsleistung wird jedem Mitgliede im Verhältnis

der geleisteten Arbeitsstunden berechnet, mit der Maßgabe jedoch, daß älteren Mitgliedern für jedes Jahr, um welches sie der Gesellschaft länger angehören als die später Beigetretenen, ein Alterszuschlag von zwei Prozent eingeräumt ist. Vormänner und Gießer erhalten einen Zuschlag von zehn Prozent; ebenso wird Nachtarbeit um zehn Prozent höher angerechnet.

4. Die Arbeitsleistung des technischen Personals wird mit einem Werte von zehn bis fünfzehn Stunden täglich berechnet und ist es der Direktion überlassen, innerhalb dieses Spielraumes den Gehalt jedes einzelnen dieser Angestellten zu bemessen. Die Bezüge der Direktoren werden bei Wahl derselben durch die Generalversammlung im Wege einer mit jedem einzelnen derselben zu treffenden Vereinbarung einer bestimmten Anzahl täglich geleisteter Arbeitsstunden gleichgesetzt.

5. Vom gesellschaftlichen Ertrage gelangen zunächst die Kapitalrückzahlungen und nach diesen die Abgabe an das Gemeinwesen in Abzug. Der verbleibende Rest wird an die Mitglieder verteilt.

6. Die Mitglieder haften für den Fall der Auflösung oder Liquidation der Gesellschaft nach Maßgabe ihrer aus den gesellschaftlichen Erträgen bezogenen Gewinnanteile für die kontrahierten Darlehen, welche Haftung sich bezüglich der noch aushaftenden Beträge auch auf neueintretende Mitglieder überträgt. Auch erlischt mit dem Austritte eines Mitgliedes dessen Haftung für die schon kontrahiert gewesenen Darlehen nicht. Dieser Haftbarkeit für die Schulden der Gesellschaft entspricht im Falle der Auflösung, der Liquidation oder des Verkaufes der Anspruch der haftenden Mitglieder an das vorhandene Vermögen oder die zum Verkaufe gelangenden Bestandteile desselben.

7. Oberste Behörde der Gesellschaft ist die Generalversammlung, in welcher jedes Mitglied das gleiche Stimmrecht und das gleiche aktive und passive Wahlrecht

ausübt. Die Generalversammlung faßt ihre Beschlüsse mit einfacher Stimmenmehrheit; zu Statutenänderungen und zur Auflösung und Liquidation der Gesellschaft ist dreiviertel Majorität erforderlich.

8. Die Generalversammlung übt ihre Rechte entweder direkt als solche, oder durch ihre gewählten Funktionäre, die ihr jedoch für ihr Gebahren verantwortlich sind.

9. Die Leitung der gesellschaftlichen Geschäfte ist einem Direktorium von drei Mitgliedern übertragen, die von der Generalversammlung bis auf Widerruf gewählt werden. Die untergeordneten Funktionäre der Geschäftsleitung werden von den Direktoren ernannt.

10. Die Generalversammlung wählt jährlich einen aus fünf Mitgliedern bestehenden Aufsichtsrat, der die Bücher, sowie das Gebahren der Geschäftsleitung zu kontrollieren und darüber periodischen Bericht zu erstatten hat.

Was mir in diesem Statut sofort auffiel, war der Mangel einer jeden Bestimmung über das Vermögen der Gesellschaft. Da dieses Vermögen doch offenbar aus jenen Anlagen besteht, die mit Hilfe des vom freiländischen Gemeinwesen entlehnten Kapitals errichtet werden, und da es die Mitglieder der Association sind, welche dieses Kapital aus den ihnen vom Reineinkommen gemachten Abzügen bezahlen, so schien es mir das einzig Gerechte, daß besagtes Vermögen den Mitgliedern gehören müsse, was ich denn auch dem Direktor unverhohlen sagte.

„Sie irren," war dessen Antwort. „Die Abzahlungen auf das Associationskapital werden nicht von den Mitgliedern, sondern vom konsumierenden Publikum geleistet. Es ist doch offenbar, daß der auf jedes erzeugte Gut entfallende Bestandteil der Kapitalbenutzung in dessen Preise Bezahlung finden muß. Geschähe es nicht, so würde den Mitgliedern weniger als der dem durchschnittlichen Werte der Arbeit in Freiland entsprechende Gewinn verbleiben und die selbstverständliche Folge wäre, daß zahlreiche

Arbeitskräfte das von einem solchen Zufalle betroffene Institut verließen; dadurch würde sich das Angebot der fraglichen Waren vermindern und die Preise müßten insolange steigen, bis das Gleichgewicht der Arbeitserträge hergestellt wäre. Es ist das ja im übrigen nichts Freiland allein eigentümliches; auch in der bürgerlichen Welt da draußen wird der Amortisationsbetrag für die zur Herstellung eines Gutes erforderlichen Maschinen, Werkzeuge und sonstigen Einrichtungen in die Herstellungskosten eingerechnet, und der Unterschied zwischen Freiland und der bürgerlichen Welt besteht in diesem Punkte bloß darin, daß sich infolge der Freibeweglichkeit unserer Arbeitskräfte und der durch diese so überaus erleichterten und vervollkommneten Ausgleichung der Reinerträge aller Arbeit dieser Prozeß hier viel pünktlicher und sicherer vollzieht als draußen. Diese Überwälzung der Kapitalabzahlung auf die Konsumenten kann nur dann nicht stattfinden, wenn eine Association schlechte, überflüssige Maschinen angeschafft hat, die zur Herstellung der von ihr fabrizierten Güter und zur Deckung des Bedarfes nach denselben nicht oder nicht in dieser Weise notwendig sind. Derartige Maschinen amortisiert das Publikum allerdings nicht, die Mitglieder müssen dies thun, d. h. sie sehen durch die Kapitalabzahlung ihren Gewinnanteil unter den Vollwert von Arbeitskraft sinken. Aber derartige Maschinen sind gerade infolge dessen unbrauchbar, sie müssen verkauft werden, und sofern das geschieht und die Haftbarkeit der Mitglieder für den erwachsenen Schaden nun wirklich ins Leben tritt, übergehen sie ja, wie Paragraph 6 sagt, in ihr Vermögen, d. h. der beim Verkaufe erzielte Erlös wird ihnen in Anrechnung gebracht. So lange aber das Kapital, d. h. das Vermögen einer Gesellschaft *arbeitend* thätig ist, kann und soll es im Sinne unserer Einrichtungen niemand gehören, sondern jedermann zu beliebiger, seinen

Fähigkeiten entsprechender Benutzung verfügbar sein."

Ich war über diesen Punkt zufriedengestellt und ging nun zur Erörterung jener Bestimmung unserer Statuten über, die mein persönliches Interesse unmittelbar berührt.

„Ich setze voraus" — erklärte ich — „daß Sie mich als Neuling zunächst in die unterste Gehaltsstufe des Ingenieurcorps einreihen werden; meine Tagesarbeit wird also der zehnstündigen Arbeit eines gewöhnlichen Arbeiters gleichgesetzt sein. Den statistischen Ausweisungen zufolge, in welche ich bereits Einsicht genommen, sind auf die Stunde gewöhnlicher Arbeit hier in der letzten Zeit durchschnittlich fünf Mark entfallen, ich würde sohin bis auf weiteres fünfzig Mark täglich beziehen. In welcher Form und in welchen Zeitabschnitten — täglich, wöchentlich oder monatlich — wird mir nun mein Gehalt ausgezahlt? Daß man hier kein Baargeld zu zahlen pflegt, weiß ich bereits; erhalte ich vielleicht von der Kasse des Institutes Anweisungen auf die freiländische Centralbank?"

„Wir haben keine Kasse und Sie erhalten von uns mit Bezug auf Ihren Gehalt gar nichts. Alles, was wir mit den Zahlungsangelegenheiten zu thun haben, beschränkt sich darauf, daß wir die Centralbank pünktlich — und zwar geschieht dies Woche für Woche — von der Arbeitsleistung aller unserer Mitglieder verständigen. Dort wird Ihnen dann der auf Sie entfallende Ertrag gutgeschrieben; ebenso werden alle Ihre Ausgaben von den Geschäften, bei denen Sie Ihre Bedürfnisse beziehen, der Centralbank mitgeteilt. Diese führt Buch über Ihr Konto und sendet Ihnen Woche für Woche einen Auszug."

„Und wie steht es um das zeitliche Ausmaß der von mir zu leistenden Arbeit? Es werden mir zehn, später vielleicht mehr Stundenwerte angerechnet; wie lange habe ich thatsächlich zu arbeiten?"

„Sechs Stunden täglich, von neun bis zwölf Uhr vormittags und von drei bis sechs Uhr nachmittags.

Sonntags wird gefeiert und außerdem haben wir fünfzehn verschiedene Festtage. Durch zwei Monate genießen Sie, wie jeder Freiländer, alljährlich Ferien, über deren Zeitpunkt Sie sich mit Ihren Kollegen ins Einvernehmen zu setzen haben. Es besteht kein Zwang zur Einhaltung der Ferien, denn da nicht alles gleichzeitig, sondern in vereinbarter Reihenfolge Urlaub nimmt, so kann derjenige, der kein Bedürfnis oder keine Lust zum Feiern hat, ruhig weiter arbeiten. Natürlich ist in der Ferialzeit auch der Verdienst unterbrochen; Zahlung wird, sofern man nicht Versorgungsrecht genießt, hierzulande nur für wirklich verrichtete Arbeit geleistet."

„Würden Sie es mir wohl nicht als Unbescheidenheit auslegen," so fuhr ich nun fort, „wenn ich Sie frage, nach welchen Grundsätzen Ihr und der anderen Vorstandsmitglieder Gehalt festgestellt wird? Giebt es dafür bestimmte Regeln oder hängt es von Ihnen ab, was Sie fordern?"

„Das Fordern hängt, was meinen Gehalt anbelangt, durchaus von mir, und was den Gehalt meiner Kollegen betrifft, von diesen ab; aber das Bewilligen ist Sache der Generalversammlung."

„Und ist nicht gerade in diesem Punkte Ihre Abhängigkeit von denjenigen, denen Sie vorstehen sollen, mit gewissen Unzukömmlichkeiten verknüpft? Leidet die Disciplin nicht darunter?"

„Wie das? Die Generalversammlung bewilligte mir ja meinen Bezug — er beträgt fünfundzwanzig Stundenwerte täglich — nicht nach Laune und Gunst, sondern nach Notwendigkeit, d. h. nach demjenigen, was die Genossen für notwendig und nützlich in ihrem eigenen Interesse erachteten. Ich erhalte so viel, als die Mitglieder unserer Association bezahlen müssen, um einen Mann an ihre Spitze zu bekommen, wie sie ihn brauchen. Es ist ja möglich, daß sie sich über meine Befähigung nach der einen oder nach der andern Seite in einem Irrtume befinden, mich überschätzen oder vielleicht nicht hoch genug schätzen; aber von dieser ihrer Meinung über das Ausmaß meiner Geschicklichkeit und nicht von ihrer Gunst hänge ich ab. Die Direktorengehalte richten sich, wie alle wirtschaftlichen Angelegenheiten Freilands, ausschließlich nach dem Gesetze von Angebot und Nachfrage. Glauben Sie denn, daß *Ihre* Bezüge deshalb ungefähr zweifach so hoch als die eines gewöhnlichen Arbeiters bemessen werden, weil es irgend jemandes Absicht ist, Ihnen mehr zuzuwenden als jenem? Erhielten wir Leute von Ihrer Befähigung zum selben Preise wie gewöhnliche Arbeiter, so müßten und würden Sie sich mit demselben Gewinn zufrieden geben. Ihre Kraft ist die seltenere, d. h. wohlverstanden trotz des geringeren Bedarfes nach solcher Kraft noch immer verhältnismäßig die seltenere und deshalb wird Ihnen gezahlt, was gezahlt werden muß. Genau das nämliche gilt für mich. Wenn Männer meiner Erfahrung und Geschäftskenntnis um denselben Preis zu haben wären wie gewöhnliche Handlanger, so müßte ich mich mit dem Gewinn eines Handlangers zufrieden geben."

„Sie würden aber" — so meinte ich nun — „auch in diesem Falle vorziehen, die Direktionsgeschäfte zu leiten, statt gewöhnliche Handlangerdienste zu verrichten; ebenso würde ich meinen Beruf demjenigen eines Handarbeiters vorziehen, auch wenn dabei nicht der geringste materielle Mehrgewinn für mich herausähe, und ich glaube deshalb, daß es sehr wohl möglich wäre, alle Unterschiede des Einkommens zu beseitigen, wenn nur grundgesetzlich bestimmt würde, daß mit Bezug auf die Gewinnbeteiligung niemand vor dem andern etwas voraus haben dürfe."

„Letzteres ist vor allem unrichtig," antwortete der Direktor. „Damit hätten Sie bloß die verschiedenen Fähigkeiten, nicht aber die verschiedenen Grade des Fleißes auf denselben Gewinn gesetzt. Oder halten Sie es vielleicht auch für notwendig, den Faulen und den Fleißigen gleich zu bedenken? Wollen Sie etwa damit helfen, daß Sie den Ertrag mechanisch nach der bloßen Dauer der Arbeit bemessen? Wer würde dann ohne Zwang die schwereren, unangenehmeren Arbeiten leisten? Oder ziehen Sie solchen Zwang der Ungleichheit vor? Sie schütteln den Kopf; warum wollen Sie dann den Klugen und den Einfältigen zwangsweise auf dieselbe Stufe stellen? Aber zugegeben selbst, daß dies gerecht wäre, so ist es doch nicht möglich, zum mindesten nicht möglich, ohne den Wohlstand aller in einer solchen Weise zu schädigen, daß auch die Ungeschickten bei aller Gleichheit um vieles schlechter führen als bei der thatsächlich herrschenden Ungleichheit. Ich bemerke vor allem, daß es durchaus nicht so ausgemacht ist, daß sich alle Geschickten um verantwortliche Stellungen sonderlich lebhaft bewerben würden, wenn dabei nichts zu erlangen wäre, denn eine Schande ist bei uns auch ordinäre Handarbeit nicht. Jedenfalls ist der dem Geschickteren eingeräumte höhere materielle Vorteil das sicherste Mittel, ihn an jene Stelle zu setzen, wo er den größten Nutzen stiften kann. Es giebt ja schließlich auch verschiedenartige Ehrenstellen, und ich weiß z. B. für meinen Teil wirklich nicht, ob mir eine Lehrkanzel an unserer technischen Hochschule nicht lieber wäre als diese meine Direktorstelle. Es scheint aber, daß mein Organisationstalent hier zu besserer Verwertung kommt als dort der Fall wäre, und der höhere Gewinn, den mir unsere Association zugesichert hat, ist das einzige Mittel, um mich in dieser Stellung, wo ich nützlich bin, festzuhalten.

„Dem allen sei jedoch wie immer: zwangsweise herbeigeführte Gleichheit widerspricht jedenfalls dem Grundsatze der Freiheit. Mit welchem Rechte soll die Gesamtheit verbieten, daß eine Vereinigung freier Männer die Ergebnisse ihrer Arbeit solcherart untereinander teile, wie sie es ihrem Interesse am besten entsprechend erachtet, wenn sie nur dabei niemandes Recht kränkt? Meine

Genossen finden ihren Vorteil darin, daß gerade ich an ihrer Spitze stehe; wer darf sie hindern, dafür, daß ich ihren Vorteil wahrnehme, auch ihrerseits mir einen Vorteil einzuräumen?"

Da es meinem freundlichen Chef sichtlich Vergnügen zu machen schien, meine Zweifel zu zerstreuen, so nahm ich mir den Mut, noch eine Frage an ihn zu richten.

„Daß auch zwischen den Leistungen der gewöhnlichen Arbeiter Unterschiede gemacht werden, ist mir nach dem soeben Gehörten vollständig begreiflich, und über die Zuschläge für Vormänner und Gießer, die entweder anstrengendere oder schwierigere Verrichtungen haben mögen als die anderen, ist nichts weiter zu bemerken. Ebenso leuchtet mir ein, daß Nachtarbeit höher honoriert werden muß, sofern man überhaupt ihrer bedarf, da sich ja andernfalls niemand zu ihr herbeiließe; aber in dem Alterszuschlage, so gerechtfertigt derselbe auch sein mag, scheint mir eine Gefahr zu liegen. Da die Statuten, wie mir bekannt ist, in den Generalversammlungen gemacht werden, so liegt es in der Hand jeder Arbeiterschaft, dadurch, daß sie diese Alterszuschläge recht hoch feststellt, den Zuzug neuer Arbeitskräfte zu erschweren. In unserem Statut sind zwei Prozent für das Jahr angesetzt; das ist jedenfalls gerechtfertigt, denn um mindestens zwei Prozent wächst von Jahr zu Jahr die Geschicklichkeit und Erfahrung eines Arbeiters; ein Mann, der fünfundzwanzig Jahre bei uns thätig war, erhält zwar solcherart um fünfzig Prozent mehr als der an seiner Seite arbeitende Neuling, aber es unterliegt keiner Frage, er leistet auch entsprechend mehr. Wie aber, wenn es etwa unseren Arbeitern plötzlich beifiele, den Alterszuschlag von zwei auf fünf, vielleicht auf zehn Prozent oder darüber jährlich festzusetzen? Dann bekäme ein Mann, der zehn Jahre hier ist, zweimal so viel, und wenn er zwanzig Jahre hier ist, dreimal so viel als ein Neuling von im übrigen gleicher Fähigkeit. Und das würde meines Erachtens dieselbe Wirkung haben, als ob sich unsere Arbeiter gegen jeden neuen Zuzug abschlössen. Wer hindert unsere selbstherrlichen Arbeiter an solchen Beschlüssen?"

„Niemand," war die Antwort. „Es wäre ganz gut denkbar, daß in einer unserer nächsten Generalversammlungen ein solcher Beschluß gefaßt wird; doch verlassen können Sie sich darauf, daß er nicht lange in Kraft bestehen würde, denn so gut eine morgen einzuberufende Generalversammlung beschließen kann, daß der Alterszuschlag zehn Prozent für das Jahr zu betragen habe, ebensogut kann eine übermorgen einberufene Generalversammlung diesen Beschluß wieder umstoßen und Sie können leicht erraten, was für eine Majorität es wäre, die diesen Widerruf beschlösse. Die freiländische Freizügigkeit bietet Schutz auch gegen derartige Ausschreitungen des fessellosen Eigeninteresses. Im übrigen liegt es sogar im Interesse der älteren Arbeiter selbst, den Alterszuschlag nicht so hoch zu bemessen, daß dadurch der Zufluß neuer Arbeitskräfte unterbunden werde. Der Alterszuschlag hat doch nur dann überhaupt Sinn und Bedeutung, wenn er denjenigen, die ihn genießen, einen Vorzug vor anderen einräumt, die seiner noch nicht oder nicht im selben Maße teilhaftig sind. Nehmen wir an, daß eine Million unter tausend Genossen zu verteilen ist, so bleibt es sich für dieselben ganz gleich, ob sie bestimmen, daß jeder *eine* Einheit erhalten solle, oder ob sie sich ein jeder zwei Einheiten zu diktieren. Im erstern Falle wird die Einheit tausend, im zweiten fünfhundert sein. Erst wenn mit dem Hinzutritt neuer Genossen die zu verteilende Summe entsprechend gewachsen ist, hat es einen Sinn, wenn den älteren Teilnehmern ein Vorzug eingeräumt wird. Die alten Arbeiterschaften sehen also schon im eigenen Interesse darauf, bei der Bemessung ihrer Vorzugsrechte gegen das, was im Sinne der öffentlichen Meinung für recht und billig gilt, nicht zu verstoßen."

„Doch nun ist's genug geplaudert. Ich will Sie jetzt Ihrem zukünftigen Bureauvorstande vorstellen und Sie können dann, wenn es Ihnen paßt, morgen schon Ihre Arbeiten beginnen." Damit erhob sich mein freundlicher Chef und lud mich mit einer Handbewegung ein, ihm zu folgen.

Siebentes Kapitel.
Warum Freiland so viel Maschinen verwendet und woher es sie nimmt.

Wir durchschritten eine Reihe von Korridoren und betraten endlich das Arbeitskabinett des Oberingenieurs der Anstalt. Derselbe machte auf mich den Eindruck eines Menschen, mit dem ich vor kurzem noch vertrauten Umgang gepflogen haben mußte; doch paßte der Bart und das äußere Wesen nicht ganz zu meinen Erinnerungen, so daß ich nicht recht wußte, wo ich den Mann unterbringen solle. Er aber erkannte mich sofort, und mich mit einem Freudenrufe in die Arme schließend, erklärte er dem Direktor: „Das ist derselbe Robert N., von dem ich Ihnen schon wiederholt erzählte, daß sein Enthusiasmus es gewesen, was zuerst in mir die Begeisterung für die sociale Freiheit erweckte und was mich schließlich hierherbrachte. Es sind jetzt vier Jahre her, daß wir auf der Polytechnik voneinander Abschied nahmen; er hat sich gar nicht verändert, aber ich bin inzwischen wohl stark verfreiländert, so daß er mich nicht sofort erkannte."

Der Direktor, der seine fernere Anwesenheit für überflüssig hielt, nahm mit einigen herzlichen Worten bald Abschied. Ich blieb mit meinem Freunde allein. „Schon seit langem" — so wandte er sich an mich — „habe ich dich erwartet. Daß du kommen würdest, war mir unzweifelhaft, und regelmäßig durchforschte ich die von unserm statistischen Amte veröffentlichten alphabetisch sowohl als nach Berufen und Ursprungsorten geordneten Listen der Einwanderer. Dein Absteigequartier wirst du natürlich sofort verlassen und bis auf weiteres unser Gast sein. Du mußt nämlich wissen, daß ich seit zwei Jahren verheiratet bin. Über meine Frau erzähle ich dir nichts, du wirst sie sehen. Jetzt aber laß uns hier unsere Geschäfte erledigen und dann so rasch als möglich heim zu meiner Wera, die längst begierig ist, dich kennen zu lernen. Also zunächst Vorstellung bei den Kollegen, dann kurze Besichtigung der Werkstätten. Doch halt; beinahe hätte ich vergessen, dein Reisegepäck aus dem Hotel in unsere Wohnung schaffen zu lassen. Dein Hotel ist?" —

Ich nannte den Namen und hörte, wie mein Freund — wir wollen ihn mit seinem Taufnamen Karl nennen — der Edenthaler Transportgesellschaft telephonisch den Auftrag gab, den fraglichen Umzug zu bewerkstelligen. Dagegen Einsprache zu erheben, hätte ich angesichts des Umstandes, daß wir einst die innigsten Freunde gewesen und daß diese Freundschaft in der Zwischenzeit nicht erkaltet zu sein schien, für überflüssige Ziererei gehalten.

Über den Empfang, der mir von meinen nunmehrigen Kollegen zu teil wurde, will ich mich nicht weiter verbreiten, sondern nur bemerken, daß mich dessen ausnehmende und sichtlich aufrichtig gemeinte Herzlichkeit sehr angenehm überraschte. Auf eine Bemerkung, die ich diesfalls Karl gegenüber machte, nahm er mich lächelnd bei der Schulter und meinte: „Ja, Herzbruder, wir sind eben in Freiland. Warum sollten sich die Jungens nicht freuen, einen Kollegen zu erhalten, dem man's am Gesichte absieht, daß er ein prächtiger Mensch ist? Braucht sich hier einer zu fürchten, daß ihm deinetwegen der Brotkorb höher gehängt wird? Brauchen sie in dir ein Protektionskind zu wittern, das ihnen den Rang abläuft? Kann ja sein, daß der eine oder der andere sich sagt: ‚Der sieht mir ganz danach aus, als ob er's weiter bringen würde als ich.‘ Aber was schadet das ihnen? Je tüchtiger du bist, desto besser für uns alle. Hier wirst du niemand zum Feinde haben, es sei denn, daß du ihm wirklich etwas zuleide thust, wozu aber wieder für dich kein Anlaß vorliegen wird."

Was mich in den Werkstätten, die wir hierauf betraten, mit staunender Bewunderung erfüllte, das war weniger ihre Großartigkeit an sich als die Vollendung der maschinellen Einrichtungen in Verbindung mit geradezu raffinierter Vorsorge für Bequemlichkeit, Gesundheit und Sicherheit der Arbeitenden. Gleich große Gewerke giebt es vereinzelt auch in Europa, aber es giebt außerhalb Freilands keines, in welchem die Maschinenkraft so durchgängig die menschliche Kraft steigert und ersetzt. Die Apparate, die ich hier sah, verhielten sich zu den besten, die ich bis dahin kennen gelernt, ungefähr ähnlich wie diese zu der Einrichtung einer gewöhnlichen Maschinenschlosserei. Der Mensch war hier in Wahrheit nur der Aufseher, welcher die Arbeit der Elemente überwachte und leitete.

Auf eine Bemerkung, die ich diesfalls Karl gegenüber machte, meinte er: „Das ist ja ganz natürlich; derart vollkommene Maschinen kann es in Europa gar nicht geben, weil sie dort unrentabel wären, genau aus dem nämlichen Grunde, der z. B. ein englisches oder französisches Etablissement in China unrentabel machen würde. Was sind denn Maschinen? *Ergebnisse* vergangener Arbeit, mit deren Hilfe gegenwärtige und zukünftige Arbeit erspart werden soll. Nun besteht in Europa zwischen dem Werte des Arbeitsergebnisses und demjenigen der Arbeitskraft ein bedeutender Unterschied, denn die gegenwärtige und zukünftige Arbeit, welche durch die Maschine erspart werden soll, erhält bloß nackten Arbeits*lohn*, während an der Maschine, dem Ergebnisse vergangener Arbeit, außer dem zu ihrer Herstellung erforderlich gewesenen Arbeitslohne auch noch Unternehmergewinn, Grundrente und Kapitalzins haften. Bei uns existiert dieser Unterschied nicht, hier hat der Arbeitstag, den ich erspare, für mich genau den nämlichen

Wert wie der Arbeitstag, den die Maschine zu ihrer Herstellung beanspruchte, denn beide sind so viel wert, wie das durch sie hergestellte Erzeugnis, und für mich rentiert sich daher die Verwendung jeder Maschine, die überhaupt technisch brauchbar ist, d. h. die mehr menschliche Arbeitskraft erspart, als sie zu ihrer Herstellung selber in Anspruch nimmt, während in Europa bloß jene verhältnismäßig wenigen Maschinen rentabel sind, die so viel mehr Arbeit ersparen, daß durch dieses Mehr der Unterschied im Werte zukünftiger und vergangener, bereits in Warenform krystallisierter Arbeit aufgewogen wird. Sieh z. B. hier diese Wägemaschine! Sie kostet 12000 Pfund Sterling und muß binnen zehn Jahren amortisiert sein, sie beansprucht also jährlich 1200 Pfund Sterling; aber sie ersetzt die Arbeit von zehn Menschen und ist daher für uns hoch rentabel, denn zehn Freiländer — und wären es auch bloß ganz gewöhnliche Handlanger — beanspruchen per Mann mindestens 350 Pfund, zusammen also 3500 Pfund Sterling im Jahr, die Maschine erspart uns folglich reine 2300 Pfund jährlich. Unsere Konkurrenzinstitute in Europa hingegen können diese Maschine nicht verwenden; sie würden zu Grunde gehen, wenn sie es thäten; denn sie können unmöglich 1200 Pfund Sterling jährlich aufwenden, um zehn europäische Jahreslöhne zu ersparen, sintemalen diese zehn Jahreslöhne nach europäischem Zuschnitt, hoch gerechnet, 600 bis 700 Pfund Sterling jährlich beanspruchen und es doch nicht angeht, 1200 Pfund aufzuwenden, um 600-700 Pfund zu ersparen. In China ist es natürlich noch ärger; dort kann man, um zehn Arbeiter zu ersparen, nicht einmal 60-70 Pfund im Jahre aufwenden, denn dort betragen zehn Jahreslöhne nicht einmal 60-70 Pfund Sterling."

Daß das den Thatsachen vollkommen entspräche, mußte ich zugeben, wie denn überhaupt erst dieser Gesichtspunkt erklärt, warum gerade die Länder mit den miserabelsten Arbeitslöhnen in der großen Fabriksindustrie die geringste

Konkurrenzfähigkeit besitzen. Es ist also einleuchtend, daß das Gesetz, welches mir hier mein Freund entwickelte, richtig sein muß. Aber ich glaubte doch, behufs vollständiger Klarstellung des Sachverhalts, die Einwendung machen zu dürfen, wie mir scheine, daß die Länder mit höherem Arbeitslohne die Maschinen teurer in Händen haben müßten als diejenigen mit billigem Arbeitslohne. Die Maschine, so meinte ich, ist doch selber das Ergebnis menschlicher Arbeitskraft, und wo die Arbeitskraft hohe Entlohnung findet, dort muß das, was durch sie hervorgebracht wird, eben teurer sein.

„Das Gegenteil ist richtig," erklärte Karl. „Zunächst bitte ich dich zu bedenken, daß, wie ich bereits hervorgehoben habe, am Preise der Maschine in Europa außer dem Arbeitslohn auch noch Grundrente, Kapitalzins und Unternehmergewinn haften; du mußt dem Eigentümer des Bodens, auf welchem das Erz und die Kohle geschürft, das Holz geschlagen wurde, für die hierzu erteilte Erlaubnis Rente zahlen, du mußt dem Kapitalisten das zur Herstellung der Maschine erforderlich gewesene Kapital verzinsen und außerdem selber Zins bezahlen oder dir selber Zins anrechnen für das in die Maschine gesteckte Kapital, und schließlich will auch der Unternehmer, der sogenannte Arbeitgeber, in Europa seinen Gewinn haben. Diese verschiedenen Zuschläge zum Arbeitslohn sind *verhältnismäßig* desto größer, je geringer der letztere ist, und das erklärt, warum die Erzeugnisse von Ländern mit billigem Arbeitslohne im Durchschnitt doch nicht billiger sind als diejenigen der Länder mit hohem Arbeitslohne; der Wert des Produktes ist in beiden derselbe, aber dieser Wert wird nach anderem Verhältnisse zwischen den Arbeitern und den Ausbeutern geteilt, die letzteren erhalten mehr, wo die ersteren mit wenigerem zufrieden sind ..."

„Also glaubst du" — unterbrach ich hier den Freund — „daß die besitzenden Klassen in den Ländern, wo mäßiger

Arbeitslohn herrscht, besser daran sind als dort, wo der Arbeitslohn hoch ist? Das scheint mir den Thatsachen zu widersprechen, denn in China z. B. sind auch die Besitzenden ärmer als in England."

„Richtig," antwortete Karl. „Und das erklärt sich daraus, daß in England viel mehr produziert wird als in China. Vom einzelnen Stücke derselben Ware haben freilich Grundrentner, Kapitalisten und Unternehmer in China mehr als in England, aber auf *ein* Stück, welches sie erzeugen und absetzen können, kommen in England zehn, was gleichfalls selbstverständlich ist, wenn man sich nur daran erinnert, daß zehnfach besser bezahlte Arbeiter zehnfach mehr konsumieren und daß zehnfacher Konsum zehnfache Produktion voraussetzt. Und deshalb, weil sie einen zwar verhältnismäßig geringeren Gewinnanteil, diesen aber von einer so vielfach größeren Menge von Gütern erzielen, sind die Besitzenden in England reicher als in China, abermals nichts mehr als selbstverständlich, wenn man erwägt, daß aller Besitz der Besitzenden der Hauptsache nach aus dem Eigentum an den Produktionsmitteln besteht und daß dort, wo die Massen mehr konsumieren, die Reichen notwendigerweise mehr Produktionsmittel besitzen.

„Doch lasse mich fortfahren, wo du mich unterbrachst. Bei uns in Freiland giebt es überhaupt keine besitzende Klasse, die davon lebt, was sie den Arbeitenden vom Vollertrage ihrer Arbeit vorenthält, und hier braucht deshalb der Preis der verfertigten Güter erst recht nicht höher zu sein. Aber was mehr ist, er kann in der Regel sogar niedriger sein, und trotzdem entfällt auf unsere Arbeitenden nicht bloß soviel, wie auf die Arbeitenden und die Besitzenden zusammengenommen in Europa, sondern noch wesentlich mehr. Denn genau das nämliche, was von den Dingen gilt, die wir mit Hilfe dieser Maschine hier herstellen, daß wir nämlich zu ihrer Erzeugung viel mehr und vollkommenere Maschinenkraft aufwenden können, als in Europa möglich ist, genau das nämliche gilt ja auch bei Herstellung dieser Maschine selbst; auch sie wurde hier hergestellt unter Aufwendung von weit mehr und vollkommenerer Maschinenkraft, als in Europa möglich gewesen wäre. Wie ich dir gesagt habe, kostet diese Maschine 12000 Pfund Sterling; sie wurde vor zwei Jahren gekauft und zu jener Zeit war der durchschnittliche Jahreslohn eines freiländischen Arbeiters 300 Pfund Sterling. Sie mitsamt den zu ihrer Herstellung erforderlich gewesenen Rohmaterialien und Betriebsmitteln ist also das Jahresprodukt von vierzig freiländischen Arbeitern gewesen. In Europa hätte man nun wesentlich größeren Arbeitsaufwand zu selbem Zwecke notwendig gehabt, und du siehst also, daß diese Maschine hier billiger verkauft werden kann als in Europa, auch wenn die dabei beschäftigten Arbeiter ein Vielfaches dessen bezögen, was in Europa Arbeiter, Grundrentner, Kapitalisten und Unternehmer zusammengenommen erhalten. Wir erzeugen im Durchschnitt viel wohlfeiler als Europa, aber wir erzeugen unendlich mehr, und alles, was wir erzeugen, gehört uns, den Arbeitern."

Nachdem wir eine Reihe von Werkstätten durchschritten hatten, forderte mich mein Freund auf, die Anstalt nicht durch den Haupteingang, sondern von rückwärts zu verlassen, da er unterwegs nachsehen wolle, ob bei den dort im Zuge befindlichen Erweiterungs- und Neubauten alle seine Anordnungen pünktlich befolgt würden.

„Wir sind nämlich im Begriffe," fügte er erläuternd hinzu, „unsere Anlagen wesentlich zu erweitern."

Auf der Baustätte angelangt, erregten die mannigfaltigen, in Europa ganz ungebräuchlichen maschinellen Hilfsvorrichtungen, die ich hier allenthalben von Maurern und Steinmetzen verwendet sah, mein Erstaunen. Auf elektrischen Bahnen wurden die Ziegel herbeigerollt, durch bewegliche elektrische Krahne unmittelbar aus den Waggons in die verschiedenen Stockwerke gehoben und dort durch automatisch bediente Paternosterwerke den Arbeitern zugeführt, so daß diese im Grunde genommen die Maschinen bloß zu beaufsichtigen hatten, während der Bau der Hauptsache nach von diesen vollführt wurde. Zugleich aber fiel mir die Großartigkeit der Neuanlagen auf. „Da stecken wir aber ein schönes Geld hinein," interpellierte ich Karl, „und das alles liefert das Gemeinwesen; von wo dieses die erforderlichen Summen nur nehmen mag?"

„Aus dem Ertrage unserer Abgaben, lieber Freund. Im Vorjahre haben 650000 freiländische Arbeiter Güter im Werte von rund 360 Millionen Pfund Sterling produziert und davon hat das Gemeinwesen nicht weniger als 125 Millionen Pfund Sterling für seine Zwecke zurückbehalten. Außerdem haben die Associationen als Abzahlung auf die in früheren Jahren empfangenen Darlehen ungefähr zwanzig Millionen Pfund Sterling geleistet, so daß alles in allem 145 Millionen in die Kassen unseres Staates flossen. Natürlich kann nur ein Teil dieser Summe für Neuanlagen verfügbar sein, da doch das Gemeinwesen auch seine eigenen Aufgaben zu erfüllen hat; aber du begreifst, daß sich aus solchen Beträgen schon etwas leisten läßt."

„Allerdings," entgegnete ich. „Aber da, wie ich weiß, jeder Association das Recht zusteht, zu verlangen, was sie nur immer will, ist mir doch nicht klar, wie selbst mit solchen Riesensummen das Auslangen gefunden wird, denn die Wünsche sind ja grenzenlos und alle Einkünfte haben denn doch eine, wenn auch noch so weit gesteckte Grenze."

„Jawohl," antwortete Karl, „die Wünsche sind grenzenlos, aber nur dann, wenn man seine Wünsche nicht zu bezahlen braucht. Wir bekommen ja die Kapitalien nicht geschenkt, sondern nur vorgestreckt, zwar zinslos vorgestreckt, aber doch gegen Rückzahlung."

„So leicht bringst du mich nicht zum Schweigen,"

entgegnete ich. „Ihr werdet, da ihr es abzahlen müßt, gewiß kein Kapital zu unvernünftigen Zwecken, wenigstens nicht absichtlich, verlangen; aber jede Maschine, die menschliche Arbeitskraft erspart, ist doch, wie du mir soeben auseinandergesetzt hast, hierzulande rentabel, und wenn ich daher fordern kann, so viel ich will, mache ich mich anheischig, die 2900 Millionen Mark eueres derzeitigen Jahresbudgets für ein einziges großes Institut zu verbrauchen.“

„Das möchtest du wohl bleiben lassen, lieber Freund,“ lachte Karl. „Du vergißt die Kleinigkeit, daß Anlagen und Maschinen, um rentabel zu sein, nicht bloß Arbeitskraft ersparen müssen, sondern daß sich auch Verwendung für die durch sie erzielten Produkte finden muß. Würdest du diesen Neubau da befürworten, wenn du nicht darauf rechnen dürftest, daß die Waren, die du in ihm erzeugen willst, sich verkaufen lassen? Frage doch die Millionäre und Milliardäre in Europa und Amerika, ob sie alles bauen können, wozu sie Kapital haben, und du wirst die Antwort erhalten, daß ihnen das ganz und gar unmöglich sei, weil sie sich in ihren Anlagen nach dem Absatze richten müssen. Nun wissen die Wackeren seltsamerweise allerdings noch immer nicht, daß ihr Absatz bloß deshalb so jämmerlich gering ist und bleiben muß — so lange die bürgerliche Wirtschaftsordnung nicht über den Haufen geworfen ist — weil die proletarischen Massen der bürgerlichen Welt von steigender Ergiebigkeit keinen Vorteil haben, also ihren Konsum, d. h. ihre Kaufkraft nicht erhöhen können. Bei uns wächst die Kaufkraft schritthaltend mit jeder Verbesserung der Produktion, aber deshalb ist es auch bei uns nicht minder richtig, daß die Produktion nur schritthaltend mit dem Verbrauche wachsen kann, d. h. daß Anlagen, für deren Ergebnisse die Abnehmer nicht gegeben sind, ein Unsinn wären. Ja, was mehr ist, bei uns ist diese Harmonie zwischen Wachstum des Absatzes und der

Produktion eine noch viel vollkommenere als in der bürgerlichen Welt. Denn dort lassen sich die Unternehmer, gerade weil sie nicht wissen, was sie mit ihrem Kapitale anfangen sollen, häufig doch zu Anlagen verleiten, die niemand braucht, in der Hoffnung, daß es ihnen gelingen werde, den Konkurrenten die Kunden abzujagen. Häufen sich solche Unternehmungen, so ist eine Krisis die Folge. Bei uns ist das nicht denkbar, hier kann niemand absichtlich überflüssige Anlagen fördern oder errichten, weil ja niemand in Verlegenheit ist, wie er Kapital anwenden soll. Hier plant man nur solche Werke, deren Erzeugnisse Abnehmer finden, und diese Abnehmer fehlen natürlich, wenn das zur Herstellung der Anlagen erforderliche Kapital die Mittel der Gesamtheit übersteigt, weil ja in diesem Falle die Anlage auf Kosten des Konsums vor sich gehen müßte und ein solcher Versuch darauf hinausliefe, mehr zu erzeugen, weil man weniger gebrauchen kann."

„Also bestreitest du" — fragte ich — „jede Möglichkeit, daß zu Anlagezwecken mehr verlangt werden könnte, als überhaupt verfügbar ist? Wie kommt es dann, daß in der bürgerlichen Welt der Zinsfuß mitunter so enorm steigt? Hat das nicht darin seinen Grund, daß die Kapitalnachfrage zeitweilig das Kapitalangebot überwiegt? Du wirst wohl nicht leugnen, daß es in Europa und Amerika häufig nur dieses Steigen des Zinsfußes ist, was dem ferneren Wachstume der Kapitalnachfrage eine Grenze zieht und dadurch wieder das Gleichgewicht zwischen Angebot und Nachfrage auf dem Kapitalmarkte herstellt. Uns in Freiland fehlt dieses Sicherheitsventil des Zinsfußes; wie soll ich mir erklären, daß trotzdem gerade hier das Gleichgewicht zwischen Angebot und Nachfrage auf dem Kapitalmarkte nicht gestört werden kann, sondern daß hier unter allen Umständen die Verwendung gerade jenes Kapitals rentabel sein muß, welches eben vorhanden ist? Denn wenn es unmöglich sein soll, mehr Kapital zu verlangen, als verfügbar ist, so muß es umgekehrt auch unmöglich sein, weniger zu verlangen. Wie ich mich auf der einen Seite frage, ob nicht durch übertriebene Kapitalansprüche die Leistungsfähigkeit unseres Gemeinwesens überschritten werden könnte, so drängt sich mir auf der andern Seite die Frage auf, was wir, wenn weniger Kapital gefordert wird, mit den überschüssigen Ersparnissen machen?"

„Ich will dir zunächst die Frage beantworten, mit welcher du geschlossen hast, weil damit eigentlich auch schon die Antwort auf alle früheren Fragen der Hauptsache nach gegeben sein wird. Wir können niemals mehr Kapital haben, als beansprucht wird, weil unsere Kapitalansammlung nicht dem Zufall überlassen ist, sondern planmäßig in Form einer Abgabenerhebung vom Staate vorgenommen wird. Die Höhe dieser Abgabe ist ja nichts unwandelbar von der Natur Gegebenes und es ist selbstverständlich, daß die Steuer stets so bemessen wird, um den gesamten

84

Bedürfnissen des Gemeinwesens, unter denen eben die Kapitallieferung mit inbegriffen ist, zu genügen. Unsere Vertretungskörper machen auf Grund der an sie gelangenden Anmeldungen und der durch Erfahrung gegebenen Anhaltspunkte ihre Voranschläge über den voraussichtlichen Bedarf und bemessen danach die Höhe der Steuer. Nun sind dabei allerdings Irrtümer möglich, die Eingänge überschreiten in dem einen Jahre den Bedarf um einige Millionen, in einem andern können sie hinter dem Bedarfe zurückbleiben; aber solche Ungleichheiten haben eben nur zur Folge, daß im erstern Falle die Überschüsse auf das nächste Jahr übertragen werden, und im zweiten Falle ein Bruchteil der Anlagen um einige Wochen verschoben wird. Also ein Zuviel an verfügbarem Kapital ist unmöglich, da es doch ganz ersichtlich ausschließlich von unserem Belieben abhängt, nicht mehr zu verlangen, als wir brauchen."

„Gestatte, daß ich dich einen Moment unterbreche. Ich sehe ein, daß unser freiländischer Staat niemals — von ganz vorübergehenden Ungleichheiten abgesehen — über mehr Kapital verfügen kann als gebraucht wird; aber das Kapital kann sich ja in den Händen des Publikums aufhäufen. Was geschieht mit dem, was die einzelnen erzeugen und nicht verzehren?"

„Das ist jedes einzelnen Sache; wer mehr erzeugt, als er gebrauchen will oder kann, der mag selber zusehen, was er mit dem Überschusse anfängt. Er wird ihn verschenken, in welchem Falle ihn eben ein anderer, der Beschenkte, verzehren dürfte, oder aufstapeln, in welchem Falle er für zukünftigen Verzehr bereitliegen wird, ja, er kann ihn, wenn er will, auch zu Kapitalanlagen im Auslande benutzen, so lange es ein solches Ausland giebt, d. h. so lange nicht alle Welt unsere Einrichtungen angenommen hat. Mit *unserm* Kapitalmarkte haben die Privatersparnisse unter keinen Umständen etwas zu thun, denn da hier der

Kapitalbedarf, soweit er nur überhaupt vorhanden ist, durch die Gesamtheit zinslos gedeckt wird, so giebt es hierzulande niemand, der dem Kapitaldarleiher irgend einen Vorteil einräumen würde, und ohne einen solchen entäußert sich doch niemand seines Besitzes. Es giebt zwar auch hier eine Art von Privatersparnissen, die dem Kapitalmarkte in der nämlichen Weise zugeführt werden, wie das Erträgnis der allgemeinen Steuer; es sind das die Einzahlungen bei unserer Versicherungsanstalt, die du ja kennen lernen wirst. Aber gerade weil dieses vom Staate verwaltete Institut seine Prämieneinnahmen dazu verwendet, um einen Teil des Kapitalbedarfs zu decken, werden diese Prämieneingänge bei Zusammenstellung unserer staatlichen Voranschläge ebenso berücksichtigt wie die Steuereingänge, d. h. ihr voraussichtlicher Betrag wird vorweg beim Steuersatze in Abzug gebracht. Also auf unserm Kapitalmarkte kann unter keinen Umständen das Angebot größer sein als die Nachfrage. Damit ist aber der Hauptsache nach auch die Frage beantwortet, warum bei uns jener Kapital*mangel* nicht eintreten kann, der sich zeitweilig in der bürgerlichen Welt zeigt. Denn beachte wohl, auch dort ist der Kapitalmangel eine bloß zeitweilige Erscheinung, hervorgerufen durch den Umstand, daß die dem Zufall überlassene Kapitalbildung der Zeit nach nicht immer genau Schritt hält mit dem Bedarfe, zu dessen Deckung sie bestimmt ist. Wir überlassen die Kapitalbildung nicht dem Zufall, und wenn daher der Bedarf steigt, so bilden wir eben mehr Kapital, d. h. wir erhöhen den Steuersatz in entsprechender Weise.

„Schließlich aber möchte ich mich dagegen verwahren, als ob der Sinn meiner Behauptungen dahin ginge, es sei ganz und gar und unter allen Umständen undenkbar, daß bei uns mehr Kapital gebraucht werden könnte als das Gemeinwesen beizusteuern vermag. Es ist allerdings richtig, daß Arbeitsinstrumente, für deren Ergebnisse keine Abnehmer vorhanden wären, unrentabel sind und daher gar nicht gefordert werden; ebenso richtig aber ist es, daß auch die Herstellung solcher Arbeitsinstrumente, für deren Erzeugnisse die Abnehmer gegeben wären, das Vorhandensein eines gewissen Ausmaßes von Reichtum zur Voraussetzung hat. Und es fragt sich daher immer, ob die erste oder die zweite Grenze der Kapitalbeschaffung praktisch zu berücksichtigen ist. Wenn ich eine Fabrik bauen will, so handelt es sich auf der einen Seite für mich darum, ob ich darauf rechnen darf, Abnehmer für meine Erzeugnisse zu finden, und ich werde gewiß nicht bauen, wenn diese Abnehmer fehlen; ebenso aber handelt es sich auf der andern Seite für mich darum, woher ich das Kapital für meine Fabrik nehmen soll, auch wenn die Abnehmer für deren Erzeugnisse vorhanden wären. Welche Frage ist nun die praktisch zu berücksichtigende? Für den reichen Mann die erste, für den armen die zweite. Wir sind jetzt so reich, daß uns die Beschaffung aller wirklich rentablen Arbeitsinstrumente keinerlei Sorge mehr machen kann; das äußerste, wozu eine größere Anspannung unserer Unternehmerthätigkeit führen mag, ist eine vorübergehende Erhöhung des Steuersatzes; und unter allen Umständen gilt jetzt für uns der Grundsatz, daß die Steuer sich nach dem Kapitalbedarfe zu richten hat. Für den Anfang, als wir noch arm waren, verhielt es sich aber thatsächlich umgekehrt; damals war unsere Leistungsfähigkeit so gering, daß wir selbst bei höchster Anspannung unserer Sparkraft nicht alles mit einem Schlage herstellen konnten, was damals schon rentabel gewesen wäre; wir mußten uns folglich damals an den entgegengesetzten Grundsatz halten, die Anlagen nach unserer Leistungsfähigkeit einrichten."

„Und wie thatet ihr das?"

„Indem wir für die Zeit des Überganges, nämlich bis zu dem Zeitpunkte, wo unsere Leistungsfähigkeit die Höhe jedes irgend zu erwartenden Bedarfes nach rentablen Kapitalanlagen erreicht haben würde, unseren Behörden das

Recht einräumten, unter den von den Associationen geforderten Krediten eine Auswahl zu treffen."

„Und führte das nicht zu Reibungen zwischen den durch Kapitalbewilligung begünstigten und den durch Kapitalverweigerung benachteiligten Gesellschaften?"

„Nein. Unsere freiländische Freizügigkeit trägt in ihrem Schoße das Heilmittel selbst für solche scheinbare Abweichungen von dem allgemeinen Grundsatze der Gleichberechtigung. Da jedermann das Recht hat, jeder beliebigen Gesellschaft beizutreten, so war es den durch die Kapitalbewilligungen scheinbar begünstigten Gesellschaften unmöglich, den daraus erwachsenden Vorteil für ihre zufälligen Mitglieder allein zu behalten. Zunächst sorgte schon unsere Centralverwaltung dafür, die Auswahl der bewilligten Kredite derart zu treffen, daß die Ausgleichung der dadurch bewirkten einseitigen Produktionssteigerungen möglichst glatt vor sich gehen könne. Es wurde z. B., wenn nur irgend möglich, darauf gesehen, daß stets die Gesellschaften des gleichen Arbeitszweiges gleichmäßig behandelt wurden. Das heißt z. B., da es nicht möglich war, die Landwirtschaft und die Industrie gleichzeitig mit verbesserten Maschinen auszustatten, so bewilligte man die zur Anschaffung dieser verbesserten Maschinen erforderlichen Kredite nicht einzelnen Landwirten und einzelnen Industriellen, sondern in erster Linie bloß den Landwirten und zwar auch diesen nicht in der Weise, daß zuerst die eine landwirtschaftliche Gesellschaft vollkommen mit allem ausgestattet wurde, was sie verlangte, und dann erst die anderen an die Reihe kamen, sondern derart, daß man beispielsweise zuerst allen die Mittel zur Anschaffung des gleichen verbesserten Pfluges, dann die Mittel zur Anschaffung verbesserter Dreschmaschinen u. s. f. bewilligte. Das hatte zur Folge, daß die Produkte der begünstigten Gesellschaften, also sagen wir die landwirtschaftlichen Produkte, im Preise entsprechend zurückgingen, derart, daß die scheinbar Hintangesetzten zwar ihre Produktion nicht zu steigern vermochten, während dies bei den Begünstigten der Fall war, daß aber die Tauschkraft des da und dort erzielten Tagesproduktes doch die nämliche blieb. Hatte z. B. früher ein Paar Schuhe den Wert eines Metercentners Getreide gehabt, weil beide zu ihrer Erzeugung je einer Tagesarbeit bedurften, so erhielt nun der Schuster für sein Paar Schuhe zwei Metercentner, weil die Schuhe noch immer einer Tagesarbeit für das Paar bedurften, während in der Landwirtschaft auf das Tagwerk zwei Metercentner entfielen. Aber durchweg ließ sich natürlich mit dieser Form der Ausgleichung nicht das Auslangen finden. Störungen derselben durch den Einfluß des Außenhandels auf die Preise waren nicht zu vermeiden und ebensowenig konnte der Grundsatz streng eingehalten werden, die Gesellschaften des gleichen Arbeitszweiges in allen Stücken gleichmäßig zu behandeln. Hier half nun zunächst das Zu- und Abströmen von Arbeitskraft. Aber auch dieses Mittel hätte unter Umständen nicht volle Abhilfe geschaffen, zum mindesten nicht, ohne den Nutzen aus den ins Werk gesetzten Anlagen mitunter recht empfindlich zu beeinträchtigen. Wir konnten z. B., als im dritten Jahre des Bestehens von Freiland die Anlage elektrischer Kraftleitungen beschlossen wurde, diese unmöglich auch nur für die ganze Landwirtschaft gleichzeitig vornehmen, sondern es mußte notwendigerweise eine Reihenfolge auch unter den Landwirtschaftsgesellschaften eingehalten werden. Wenn ich mich recht erinnere, war die Gesellschaft von Obertana diejenige, die zuerst die elektrische Leitung, gespeist vom großen Kilolumifall, erhielt. Das setzte sie in den Stand, auf ihrem Gebiete mit zweitausend Arbeitern soviel zu erzeugen, als zuvor mit viertausend Arbeitern erzeugt worden war. Um jedoch diesen Vorteil voll auszunutzen, mußte sie ein Mittel finden, die bei ihr überschüssig gewordenen zweitausend Arbeiter zum Wegziehen zu veranlassen. Zwingen konnte sie die Leute dazu nicht; sie hätten, wenn sie geblieben wären, allerdings nicht unbeschäftigt bleiben müssen, man hätte die überschüssige Kraft dazu benutzt, um viermal zu pflügen, wo früher zweimal gepflügt wurde, die Felder sorgfältiger einzuhegen, zu bewässern u. s. w.; aber es ist natürlich, daß damit nicht sonderlich viel zu gewinnen gewesen wäre. Doch nicht genug daran; da die viertausend landwirtschaftlichen Arbeiter von Obertana infolge der elektrischen Kraftleitung immer noch mehr verdient oder sich weniger geplagt hätten als landwirtschaftliche Arbeiter in den anderen Gesellschaften des Landes, so hätte das sogar einen neuen Zuzug von Arbeitskraft dorthin gelockt, bis durch diesen neuen Zuzug der Arbeitsertrag auf das in Freiland dazumal, d. h. also ohne elektrische Kraftleitung erzielbare Maß gesunken wäre. Dieser allgemeine Durchschnitt hätte sich zwar höher gestaltet, da ja die in den anderen Associationen zurückgebliebenen Arbeiter dort pro Mann und Stunde etwas mehr hätten erzeugen können als zuvor; aber dieser Zuwachs wäre keineswegs so groß gewesen, wie die auf der andern Seite hervorgerufene Kraftvergeudung. Um dem vorzubeugen, gab es kein anderes Mittel, als daß die Leute von Obertana ganz aus freien Stücken dazu schritten, die aus der elektrischen Kraftleitung für sie erwachsenden Gewinne zwischen sich und den anderen landwirtschaftlichen Gesellschaften zur Aufteilung zu bringen. Demselben Beispiele folgten die anderen begünstigten Gesellschaften in der Reihenfolge der Begünstigung, die sie erfuhren, insolange, bis diese Begünstigung aufhörte, eine einseitige zu sein. Einige Industrien zogen es vor, die in ähnlicher Weise erzielten Überschüsse an die Kasse des Gemeinwesens abzuführen, aber nirgends hatte das Gemeinwesen den geringsten Anlaß, sich in diesen Ausgleichungsprozeß einzumischen, da es im ureigensten Interesse der Beteiligten selber lag, von dem ihnen zuteil gewordenen Vorteil nicht mehr zurückzuhalten, als ohne Heraufbeschwörung störender Arbeiterzuflüsse möglich war.

„Also es gab auch für uns eine Zeit, wo wir nicht jedem Kapitalbedarfe entsprechen konnten; das war damals, als die Ausrüstung mit arbeitsparenden Maschinen erst noch zu vollbringen und gerade deshalb unsere Leistungsfähigkeit noch sehr beschränkt war. Jetzt ist unsere Ausrüstung mit kraftersparenden Maschinen der Hauptsache nach durchgeführt, es kann sich nun bloß darum handeln, diese Maschinen zu verbessern und zu ergänzen; unsere Leistungsfähigkeit aber ist gerade dadurch unermeßlich groß geworden.

„Wenn du also siehst, daß wir von der ‚Ersten Edenthaler Maschinen- und Transportmittel-Baugesellschaft' im Begriffe sind, neuerlich dreiviertel Millionen Pfund Sterling in Gebäuden, Maschinen und Werkzeugen anzulegen, so verlasse dich darauf, das geschieht nicht deshalb, weil wir diese dreiviertel Million wie unser übriges Anlagekapital zinslos vorgestreckt erhalten, sondern weil die Aufträge, die uns teils schon zugegangen, teils nach dem Aufschwunge des freiländischen Verkehrswesen mit Sicherheit zu erwarten sind, dringend nach solchen Neubauten verlangen.

„Doch jetzt trachten wir heimzukommen!"

Achtes Kapitel

Ein freiländisches Hauswesen und das freiländische Versorgungsrecht.

Die elektrische Bahn beförderte uns mit Blitzesschnelle nach Edenthal und da Freund Karl sein Häuschen mit Rücksicht auf möglichste Bequemlichkeit der Verbindung gewählt hatte, setzte uns unser Waggon unmittelbar vor demselben ab. Wenige Sekunden später eilte uns die Hausfrau entgegen, die offenbar durch das Anhalten des elektrischen Wagens auf die Ankunft ihres Mannes aufmerksam gemacht worden war. Die Vorstellung erforderte nicht viel Zeit und da mich Karl in der That seiner Gattin gegenüber sehr oft erwähnt hatte, so waren wir bald gute Freunde.

Wir betraten das Haus, wo mir dessen verschiedene Räume gezeigt und die für mich bestimmten angewiesen wurden. „Ich habe," so erklärte mir Karl, „gleich bei Anlage des Baues für etwas Nachwuchs vorgesorgt, und wir haben daher jetzt, wo sich dieser Nachwuchs auf einen Knaben von vierzehn Monaten beschränkt, noch überflüssigen Raum. Du erhältst also ein Schlafgemach nebst Badezimmer, einen Empfangssaal und eine Gartenterrasse zu deinem ausschließlichen Gebrauch."

Nun fiel mir plötzlich ein, daß es in Edenthal keine Dienstboten gäbe, und es tauchten in mir Skrupeln auf, ob ich nicht vielleicht meine Gastgeber gewaltig belästigen würde. Doch meine über diesen Punkt Frau Wera gegenüber vorgebrachten Entschuldigungen hatten das Mißgeschick, von ihr nicht verstanden zu werden.

„Robert" — so erläuterte Karl ironisch — „scheint zu

besorgen, daß ich oder du ihm die Kleider werden putzen müssen."

Gegen diese Auslegung meiner Bedenken protestierte ich denn doch energisch, nicht ohne Genugthuung auf meine diesfalls schon im Hotel gewonnenen Erfahrungen mich stützend. „Ich kann mir wohl denken," meinte ich, „daß das Kleiderreinigen auch in den Privathäusern von Angestellten der Gesellschaft für persönliche Dienstleistungen besorgt wird; aber es mag vorkommen, daß man anderer Dienste bedarf; was thut man, um sich solche zu verschaffen?"

„Dasselbe, was du in diesem Falle im Hotel gethan hättest. Man klingelt und binnen längstens zwei Minuten steht ein dienstbeflissener Geist zur Verfügung."

„Und wo hält sich dieser dienstbeflissene Geist vor dem Klingeln auf, um so rasch zur Hand zu sein?"

„In einer der Wachtstuben, welche die soeben von dir genannte Gesellschaft in allen Stadtteilen unterhält und mit deren einer alle Schellen eines jeden Edenthaler Hauses in Verbindung stehen. Jedes Gemach hat sein elektrisches Läutewerk, und wenn irgendwo geläutet wird, zeigt ein in der Wachtstube befindlicher Apparat die Hausnummer, ein anderer im Vorraum jedes Hauses die Nummer des Zimmers an, in welchem geläutet worden ist. Dein Klingeln wird uns also gar nicht stören, ja von uns nicht einmal gehört werden. Einer der wachthabenden Angestellten der Gesellschaft eilt auf dem Velocipede herbei, sieht im Vorraume deine Zimmernummer und begiebt sich dann direkt zu dir. Im übrigen wirst du, wenn du nicht sehr bequem bist, diese Klingel wenig gebrauchen. Denn die meisten regelmäßig wiederkehrenden Bedürfnisse, wie Säuberung der Kleider und Zimmer, Bereitung des Bades (das wir Freiländer nebenbei bemerkt täglich zu nehmen pflegen), Herrichten des Frühstücks-, Mittags- und Abendtisches u. dgl. werden von dieser Gesellschaft, ohne daß wir uns darum zu kümmern brauchen, mit größter

Pünktlichkeit besorgt. Ich habe die Direktion schon davon verständigt, daß ein neuer Gast in mein Haus gezogen ist; binnen kurzem wird einer ihrer Beamten bei dir erscheinen und dich einem eingehenden Kreuzverhör über alle deine Gewohnheiten, Bedürfnisse und Wünsche unterziehen; hast du dem Manne einmal Rede und Antwort gestanden, so kannst du dich darauf verlassen, hier besser bedient zu werden als in irgend einem europäischen Gasthause."

„Das ist ja wunderbar," mußte ich gestehn. „Ihr habt solcherart die vortrefflichste Bedienung ohne unsere europäische Domestikenmisere. Aber teuer muß die Sache sein, denn natürlich verlangen alle diese Angestellten und Arbeiter der Gesellschaft für persönliche Dienstleistungen jene Bezahlung, wie sie in Freiland allgemein üblich ist?"

„Das ist natürlich," erklärte Frau Wera. „Aber teuer finde ich diese Dienstleistungen trotzdem nicht; wir haben im Vorjahre alles in allem zweiunddreißig Pfund Sterling für Bedienung gezahlt."

„Wie ist das möglich?" fragte ich. „So hoch kommt ja in Europa trotz der miserablen Löhne der letzte Diener zu stehen."

„Weil ein europäischer Diener" — erklärte Karl — „alles mit seinen Händen verrichtet, während unsere Leute alles durch Maschinen besorgen. Diese Maschinen gehören teilweise zur Einrichtung des Hauses, teilweise werden sie von den Angestellten der Gesellschaft mitgebracht, teilweise nehmen diese die Gegenstände mit sich und vollbringen deren Reinigung in ihrer Anstalt vermittelst der dort vorhandenen Apparate."

„Ich bin jetzt ganz darauf gefaßt, zu hören," sagte ich, „daß diese allgegenwärtige Gesellschaft für Dienstleistungen Ihnen, verehrte Frau, auch die Last der Wartung und Pflege Ihres Kindes von den Schultern nimmt."

„Mit Verlaub, das besorge ich in der Regel doch selbst," war die Antwort. „Aber völlig auf mich angewiesen bin ich dabei keineswegs, und wenn ich wollte, könnte ich die ganze Mühe von mir abwälzen. Es besteht nämlich auch eine Gesellschaft weiblicher Pflegerinnen eigens zu dem Zwecke, um Frauen, die infolge von Krankheit oder Schwäche auf weibliche Unterstützung angewiesen sind, solche jederzeit bieten zu können. Diese Gesellschaft ist der Hauptsache nach geradeso organisiert, wie die Association für persönliche Dienstleistungen; sie hat ebenfalls ihre Wachtstuben, man kann sich auch mit ihr wegen regelmäßiger Dienstleistungen in Verbindung setzen, und ich brauchte mich daher um mein Kind nicht mehr zu kümmern, als dies, wie ich aus meiner Kindheit weiß, europäische Damen zu thun pflegen. Dies widerspräche jedoch meinen Neigungen. Bis vor wenigen Monaten hatte die Frauengesellschaft allerdings ziemlich viel auch in unserem Hause zu thun, und wenn es Sie interessiert, kann ich Ihnen mitteilen, daß mich die zur Wartung meines Knaben in dessen erstem Lebensjahre in Anspruch genommene Hilfe siebenundzwanzig Pfund Sterling kostete; jetzt aber haben diese Helferinnen so gut als nichts bei mir zu thun; das Pflegen und Warten meines Kindes ist *mein* Geschäft."

„Also tragen Sie Ihr Kind, das ja mit vierzehn Monaten noch schwerlich weite Ausflüge machen kann, bei Ihren Ausgängen, oder schieben Sie es im Rollwägelchen vor sich her?" fragte ich.

„Bewahre! Wozu hätten wir denn die Krippe und den Kindergarten in der Nachbarschaft? Wenn ich ausgehe, gebe ich meinen Kleinen dorthin, wo er unter vortrefflicher Pflege und Aufsicht steht. Doch auch, wenn ich zu Hause bin, lasse ich Paulchen tagsüber sehr viel dort, denn man will, man sei noch so zärtliche Mutter, etwas für sich selber thun, lesen, sich unterhalten, am öffentlichen Leben teilnehmen u. s. w., wobei Kinder stören; aber den größten Teil der Zeit behalte ich ihn unter meinen eigenen Augen."

„Sie sprachen vorher von den Mitgliedern der Frauengesellschaft, die solcherart Geld verdienen; wie ich zu wissen glaube, haben alle Frauen Freilands Anspruch auf Versorgung durch das Gemeinwesen — wozu brauchen also die fraglichen Frauen derartigen Verdienst?"

„Freilich besitzt jede freiländische Frau Versorgungsrecht; aber unter diesem Titel wird nicht mehr gezahlt, als drei Zehntel des Durchschnittsverdienstes eines freiländischen Arbeiters und es giebt eben Frauen, die mehr haben wollen; außerdem mag bei vielen der Wunsch ausschlaggebend sein, sich irgendwie außer Hause zu beschäftigen, und da es nicht jedem gegeben ist, dies auf dem Gebiete geistiger Thätigkeit zu thun, so liegt den meisten Frauen nichts näher, als die Pflege hilfsbedürftiger Mitschwestern und Kinder. Jene Frauen, die das Zeug zu geistiger Thätigkeit in sich verspüren, wählen mit Vorliebe den Beruf der Lehrerin, was natürlich nicht ausschließt, daß alle anderen Berufe ihnen eben so offen stehen."

Unter diesen Gesprächen war es sieben Uhr abends geworden und es erschien ein Angestellter der Speisegesellschaft mit der Meldung, daß das Abendmahl angelangt sei.

Wir begaben uns auf eine in den Garten hinausführende Terrasse, wo der Tisch gedeckt war, und nahmen an der Tafel Platz. Von Speisen war nichts zu sehen, bis Frau Wera einen Wandschrank öffnete, der sich im Bereiche ihrer Hände befand, und demselben eine dampfende Suppe, dann einen kalten Fisch entnahm; diesem folgte ein Gemüse, hierauf ein Braten und den Schluß bildete ein Dessert, bestehend aus Käse und mannigfachen Obstsorten. Die Hausfrau erklärte mir, daß dieser Wandschrank auch von der andern Seite, nämlich vom Vorraume aus, zu öffnen sei und daß in ihm die von der Speisegesellschaft gebrachten Gerichte hinterlegt würden; diese gebrauche dabei besondere Apparate zum kühl- oder warmhalten der Speisen; auf

Wunsch der Kunden würden einzelne Gerichte, die den Transport schlecht vertragen, von den Angestellten der Gesellschaft an Ort und Stelle gargekocht. Es befänden sich zu diesem Behufe in den meisten Häusern kleine Küchen mit elektrischen Öfen, die im Bedarfsfalle augenblicklich in Glut gebracht werden können. Ebenso besorgen, wenn es gefordert wird, die Angestellten der Gesellschaft das Aufwarten bei Tisch, was jedoch sehr teuer, und mit Ausnahme besonders festlicher Gelegenheiten, in Freiland nicht üblich sei. Sie zum mindesten empfinde die Anwesenheit fremder Personen in traulichem Kreise stets als eine Störung.

Während des Tafelns kam das Gespräch abermals auf die Frauenfrage, insbesondere auf das den Frauen durchwegs eingeräumte Versorgungsrecht. Man muß nämlich wissen, daß der bereits mitgeteilte zweite Punkt des Grundgesetzes: „Frauen, Kinder, Greise und Arbeitsunfähige haben Anspruch auf auskömmlichen, der Höhe des allgemeinen Reichtums billig entsprechenden Unterhalt," derart gehandhabt wird, daß ein wegen Alter oder Gebrechen arbeitsunfähig gewordener Mann vier, jede Frau drei Zehntel des vom statistischen Amte jeweilig erhobenen Durchschnittswertes der freiländischen Arbeit vom Gemeinwesen ausgezahlt erhält; mit Kindern gesegnete Familien beziehen während der Unmündigkeit der Sprößlinge einen Zuschlag von einem Zwanzigstel des jeweiligen Arbeitswertes für jedes Kind; dieser Zuschlag erfährt für den Todesfall des einen der Eltern eine Verdoppelung, und Waisen werden gänzlich in Verpflegung des Gemeinwesens genommen, wo sie eine Wartung und Erziehung erhalten, die in allen Stücken der in freiländischen Familien üblichen ebenbürtig ist. Da im Vorjahre der durchschnittliche Arbeitsverdienst in Freiland sich mit 360 Pfund Sterling berechnete, so entfielen als Versorgungsanspruch auf einen arbeitsunfähigen Mann 144

Pfund Sterling, auf jede Frau 108 Pfund Sterling, der Kinderzuschlag betrug 18 Pfund Sterling für das Kind, wenn beide Eltern lebten, und sechsunddreißig Pfund Sterling für das Kind einer Witwe oder eines Witwers. Da die Preise aller wichtigeren Lebensbedürfnisse in Freiland außerordentlich wohlfeil sind, so ist der wirkliche Wert dieser Versorgungen wesentlich höher als der jener Pensionen, welche europäische Staaten ihren bestgezahlten Beamten oder deren Witwen und Waisen gewähren; sie genügen nicht bloß, um die also Bedachten vor Not zu schützen, sondern ermöglichen ihnen auch, an allen jenen Annehmlichkeiten und Vergnügungen teilzunehmen, die jeweilig in Freiland, dem allgemeinen Stande des Reichtums entsprechend, üblich sind. Da die Bezüge nicht in festen Summen, sondern in Bestandteilen des Arbeitsverdienstes bemessen werden, so erhöhen sie sich mit jedem Wachstume der durchschnittlichen Arbeitsergiebigkeit, und es ist solcherart dafür gesorgt, daß auch der Nichtarbeitende teilnehme an allen Fortschritten des allgemeinen Wohlstandes.

Als ich mich anschickte, die in diesen Bestimmungen zum Ausdruck gebrachte Großmut zu loben, unterbrach mich Freund Karl mit der Bemerkung, daß hierzulande niemand Großmut in einer Handlungsweise sehe, die nichts anderes sei, als einfache Erfüllung einer Pflicht, die Anerkennung eines Rechtes, welches auch die Arbeitsunfähigen an dem allgemeinen Reichtum haben.

„Das scheint mir denn doch etwas zu weit zu gehen," meinte ich. „Ich billige es, wie gesagt, durchaus, daß auch den Hilflosen möglichst ausgiebige Unterstützung zu teil wird; aber daß die Gesamtheit der Arbeitenden zu sothaner Hilfeleistung verpflichtet sei und daß die in solchem Umfange Versorgten ein *Recht* auf ihre Bezüge besäßen, vermag ich nicht einzusehen. Was ihnen zu teil wird, ist ja doch das Ergebnis der Arbeit anderer, die Arbeitsfähigen haben es aus eigenen Kräften hervorgebracht und könnten es also, wenn sie nur das strenge Recht üben wollten, ausschließlich für sich behalten."

„Meinen Sie das wirklich?" — unterbrach mich Frau Wera mit blitzenden Augen. „Nach allem, was mir Karl über Sie erzählte, kann ich gar nicht glauben, daß das Ihre letzte wohlerwogene Ansicht sei. Sie stehen offenbar noch teilweise unter dem Banne jener Wahnvorstellungen, die unzertrennlich verknüpft sind mit den schrecklichen Verhältnissen, denen Sie erst kürzlich entrannen. Ich habe eine sehr hohe Meinung von meinem Manne, aber daß er das, was er leistet, aus eigener Kraft hervorbringe, daß die Lehrsätze der Geometrie und Algebra, die er anwendet, von ihm ersonnen seien, daß die Dampfmaschinen, die er konstruieren läßt, seinem Geiste entsprangen, scheint mir denn doch eine allzuweitgehende Schmeichelei. Ich glaube, mein lieber Karl würde, wenn er wirklich bloß darauf angewiesen wäre, was er kraft seiner eigenen Fähigkeiten hervorzubringen vermöchte, als armseliger Wilder nackt in den Wäldern umherstreichen, und ich bezweifle, daß es irgend einem von uns besser ginge. Alles, was wir haben und sind, verdanken wir der Vorarbeit ungezählter Generationen, und daraus, so glaube ich, folgt, daß die Stärkeren und Geschickteren unter uns, welche die Errungenschaften der Vorfahren allein zu handhaben vermögen, deshalb noch kein alleiniges und ausschließliches Anrecht auf die Früchte dieser ihrer Arbeit haben, denn diese ihre Arbeit wird erst möglich auf Grund jener Behelfe, die unser aller gemeinsames Eigentum sind. Oder meinen Sie vielleicht, daß Watt die Dampfmaschine und Stephenson die Lokomotive nur für Sie und meinen Mann, nicht aber auch für mich und mein Kind oder für den Greis und den Krüppel erfunden haben? Ein solcher Gedanke kann nur entstehen in einer Welt, die den Nutzen aller Erfindungen einigen wenigen Privilegierten zuspricht. Wo man sieht, daß die ungeheuere Mehrzahl aller Menschen ausgeschlossen ist vom Mitgenusse der Ergebnisse wachsender Arbeitsergiebigkeit, und von denjenigen, die im Alleinbesitze allen Reichtums der Menschheit sind, bloß das zu kümmerlicher Fristung ihres Lebens Erforderliche als Lohn dafür zugemessen erhält, daß sie die von den Vorfahren überlieferten Reichtümer für jene wenigen nutzbar macht — dort allerdings muß auch die Vorstellung entstehen, daß jene, die arbeitsunfähig sind, gar keinerlei Recht genießen. Man füttert doch bloß nützliche Haustiere, die nutzlosen haben keinen Anspruch auf Stall und Futterraufe, und wenn ihnen diese trotzdem zu teil werden, so ist es eben das *Gnaden*brot, das man ihnen zumißt. Hier hat jedermann, sofern er überhaupt der menschlichen Familie angehört, ein *Recht* auf alles, was Eigentum der menschlichen Familie ist. In Freiland werden bei Beurteilung des Ausmaßes dieser Rechte dieselben Grundsätze in Anwendung gebracht, die auch in Europa und Amerika zur Geltung gelangen, wenn es sich darum handelt, den Fruchtgenuß einer reichen Erbschaft unter den Erben zu verteilen. Stellen Sie sich vor, daß es sich um die Fabrik eines Mannes handelt, der mehrere Kinder hinterließ, unter denen einige arbeitsfähig, andere arbeitsunfähig sind; werden die ersteren das ganze Erbe erhalten, weil sie allein dasselbe nutzbringend zu verwerten vermögen? Sie werden sich, wenn sie den Geschwistern kein Geschenk machen wollen, ihre Mühewaltung vergüten lassen, sie werden einen größeren Anteil fordern; aber als frechen Hohn würde es jedermann betrachten, wollten diese Tüchtigen sich als die alleinigen Erben und ihre Geschwister als Bettler hinstellen, denen man bestenfalls im Gnadenwege ein Almosen hinwerfen müsse."

Beschämt gestand ich der tapferen kleinen Frau, daß sie mich vollständig überwunden habe, wenn überhaupt das Widerlegen eines mit den eigenen Grundsätzen gar nicht übereinstimmenden Vorurteiles „überwinden" genannt werden darf. Und aus Eigenem fügte ich dann hinzu, daß die in Freiland geübte Ausdehnung der Gleichberechtigung auch auf die Arbeitsunfähigen in dem schließlichen Interesse selbst der Arbeitenden läge. Denn Not und Elend, Entwürdigung und Schande seien ein fressendes Geschwür, das, unerbittlich um sich greifend, endlich den ganzen Organismus zerstören müsse, wenn ihm nur irgendwo am Körper der Gesellschaft Raum gelassen werde. Gleichwie eine vornehme Familie nicht dulde, daß eines ihrer Mitglieder der Entwürdigung verfalle, so dürfe auch eine zu wirklicher Vornehmheit emporgediehene ganze Gesellschaft nicht dulden, daß wer immer aus ihrer Mitte in seiner Menschenwürde gekränkt werde. Auf sich selbst, auf eigenem Recht muß in einer solchen Gesellschaft jedermann stehen, sonst kann die Würde und das Recht der anderen nicht ungefährdet bleiben.

Ein anerkennender Blick aus Frau Weras Augen belohnte mich. Indessen hielt mich dies nicht ab, eine andere Frage zur Erörterung zu bringen, die mir im freiländischen Versorgungswesen trotz des Vorhergegangenen noch nicht ganz klar geworden war. „Warum," so fragte ich, „haben in Freiland alle Frauen ohne Ausnahme Versorgungsrecht? Man könnte hierin sogar eine Art Herabsetzung des weiblichen Geschlechtes erblicken. Vermögen denn die Frauen wirklich nichts zu leisten und können sie zugeben, daß solches grundsätzlich von ihnen vorausgesetzt werde? Oder hält man vielleicht hier die europäische ‚Dame' für das Frauenideal, jene Dame, die, um durchaus und in allen Stücken als solche zu gelten, selbst den entferntesten Verdacht, daß sie zu irgend etwas in der Welt nütze sei, von sich fernhalten muß?"

Frau Wera protestierte energisch. „Wir freiländischen Frauen wollen uns nützlich machen und wir thun es auch. Aber wir meinen, und unsere Männer teilen diese

Anschauung, daß uns die Natur der Hauptsache nach auf einen Beruf angewiesen hat, der fernab von Erwerbsthätigkeit liegt. Wir sind zunächst die Gebärerinnen und die Erzieherinnen unserer Kinder, dann aber die Vertreterinnen des Schönen und Edlen in der Gesellschaft; zu diesem Berufe werden wir erzogen und erziehen wir uns fortgesetzt selber. Wir haben das Recht, auch jeden beliebigen andern Beruf zu ergreifen, aber wenn wir mit Bezug auf die Sicherung einer unabhängigen Existenz auf diese andern Berufe angewiesen würden, so wäre das im Prinzip vielleicht sehr schön, würde aber der übergroßen Mehrzahl von uns Frauen nicht das geringste nützen. Sehen Sie z. B. mich; ich könnte zwar ganz gut als Modellzeichnerin mein Brot verdienen, aber ich thäte es eben nicht, auch wenn ich kein Versorgungsrecht genösse; weder mir noch meinem Manne und am allerwenigsten meinem Kinde würde das passen. Ich würde also thatsächlich nichts verdienen und wäre auf die Gnade meines Herrn und Gebieters angewiesen. Das Schlimmste aber ist, daß ich höchst wahrscheinlich auf diese Versorgung durch den Mann gewartet, daß ich also in der Ehe eine Versorgung gesehen hätte, während ich gestützt auf mein freiländisches Versorgungsrecht, ausschließlich dem Zuge meines Herzens folgen konnte. Und auch das ganze Eheverhältnis nimmt bei uns in Freiland gerade wegen dieser durchgängigen Unabhängigkeit der Frauen einen ganz anderen Charakter an, wie in Europa. Wir stehen nicht unter der Vormundschaft unserer Männer und deswegen haben wir niemals das Gelüste, sie unter unsern Pantoffel zu bringen. Die europäische Frau ist der Hauptsache nach ja doch nur eine Sklavin, und wenn sie Freiheitsgelüste spürt, so muß sie dieselben auf Schleich- und Umwegen zu bethätigen trachten; sie muß, da sie eigenen Willen nicht haben darf, bestrebt sein, sich den Willen ihres Mannes unterthan zu machen. Bei uns ist das alles anders. Hier ist mein Mann weder der Herr noch der Versorger, sondern ausschließlich" — hier traf den also Angeredeten ein zärtlicher Blick aus den schönen Augen, der auch sofort gleich feurige Erwiderung fand — „der Geliebte; ich glaube, das ist wohl das Beste, und zwar nicht bloß für mich, sondern auch für ihn. Aber es ist nicht bloß gut so, das Gegenteil wäre auch ungerecht. Kann ich erwerben, wenn ich mich meinem Kinde und meinem Hause widme, kann ich es zum mindesten, ohne eine Überbürdung auf mich zu laden, von welcher der Mann in Freiland nichts weiß? Oder ist vielleicht meine Leistung als Mutter und Hausfrau minder nützlich, als beliebige Erwerbsthätigkeit? Aber alleinstehende Frauen, so werden Sie vielleicht einwenden, könnten doch erwerben, ohne sich zu überbürden. Richtig, und zahlreiche thun es auch. Aber sie dazu *nötigen* wollen, wäre unklug und ungerecht zugleich. Ersteres, weil die Mädchen dadurch von ihrem eigentlichen Berufe abgelenkt, ihre Ausbildung in falsche Bahnen gedrängt würde; letzteres, weil damit gerade jene Frauen, deren Erziehung die richtige, dem weiblichen Berufe entsprechende bliebe, zu wirtschaftlicher Abhängigkeit verurteilt würden. Jetzt müßten sie erst recht Versorgung in der Ehe suchen, und das, diese Entwürdigung des schönsten heiligsten Gefühls der Menschenbrust — der Liebe nämlich — zu einer Sache des Erwerbs, das ist es, was zu verhüten vornehmster Zweck des freiländischen Versorgungsrechts der Frauen ist."

Neuntes Kapitel.
Die Centralbank, das Geldwesen und das Lagerhaus. Über die Freiheit in Freiland.

Ich hatte meine Stellung als Ingenieur in der „Ersten Edenthaler Maschinen- und Transportmittel-Baugesellschaft" angetreten und mich rasch in derselben zurecht gefunden. Meine Lebensweise richtete ich, so unabhängig ich auch in allem war, im Wesen doch nach derjenigen meiner Gastgeber und der Freiländer überhaupt. Es wird hier ziemlich allgemein bald nach Sonnenaufgang, d. h. also nach sechs Uhr Morgens, aufgestanden und zunächst ein kühles häusliches Bad genommen. Hierauf folgt ein erstes Frühstück, bestehend zumeist aus einer Tasse Schokolade, Kaffee oder Thee, und diesem ein Spaziergang entweder durch die Straßen und großartigen öffentlichen Anlagen der Stadt oder wohl auch auf eine der umliegenden Höhen, welche durch elektrische Bahnen in zehn bis fünfzehn Minuten zu erreichen sind. Dieser Spaziergang, unterbrochen in der Regel von etwas leichter Lektüre findet seinen Abschluß durch ein kompakteres Frühstück, und darauf begiebt man sich an sein Geschäft. Um zwölf Uhr sucht man entweder sein Haus oder eines der zahlreichen und großartig eingerichteten Badehäuser auf, die an den Ufern des Tana und des Edensees erbaut sind. Um ein Uhr wird gespeist, jedoch nicht allzureichlich, da die eigentliche Hauptmahlzeit in Freiland erst nach Erledigung aller Geschäfte, also des Abends, gehalten wird. Man begnügt sich des Mittags mit einer Warmspeise, Käse und Obst; nur besonders starke Esser legen noch ein Gericht zu. Nach dem

Mittagessen sind die meisten Freiländer, sofern sie nicht ein Schläfchen vorziehen, in den öffentlichen Bibliotheken und Lesesälen zu finden, die Verheirateten meist in Begleitung ihrer Frauen, die dort Bekannte treffen, lesen, und die öffentlichen Angelegenheiten des Landes besprechen gleich den Männern. Um drei Uhr wird wieder ans Geschäft gegangen und bis sechs Uhr gearbeitet. Hierauf lassen diejenigen, die nicht schon vor Tisch gebadet haben, ein zweites Bad im Edensee oder Tana folgen, doch giebt es viele Freiländer, die morgens, mittags und abends baden, ein Vergnügen, das, wenn die einzelnen Bäder nicht zu lang ausgedehnt werden, in diesem Klima als der Gesundheit sehr zuträglich gilt. Um sieben Uhr wird die Hauptmahlzeit eingenommen, bestehend in der Regel aus drei bis vier Gerichten. Dann macht oder empfängt man Besuche, besucht die Theater oder Konzertsäle, hört irgend einen wissenschaftlichen Vortrag, kurz, geht allerlei Vergnügungen oder Belehrungen nach, an denen in Edenthal, wie überhaupt in Freiland, nirgends Mangel ist. Die Sonntage sind des Vormittags ernster Lektüre, bei fromm angelegten Gemütern wohl auch Andachtsübungen gewidmet, die Nachmittage gehören meist dem Vergnügen. Man veranstaltet Ausflüge, Picknicks, bei denen musiziert und vom jungen Volke leidenschaftlich getanzt wird.

Ich benutzte natürlich meine freie Zeit mit Vorliebe zur Besichtigung der öffentlichen Anstalten Freilands, unter denen die Centralbank und das Centrallagerhaus mein besonderes Interesse erregten. Daß erstere der Bankier des ganzen Landes ist, angefangen von der öffentlichen Verwaltung und den großen Produktionsgesellschaften bis zum letzten Arbeiter, ja bis zum letzten Kinde, die allesamt ihr eigenes Konto in den Büchern besitzen, habe ich bereits mitgeteilt. Natürlich unterhält die Bank Zweiganstalten in jedem größeren Orte des Landes. Man würde aber irren, wollte man glauben, daß diese sich auf alles erstreckende

Buchführung einen sonderlich großen Apparat von Angestellten und sehr verwickelte Schreibereien notwendig mache. Gerade weil alles durch die Bank geht, ist deren Gebarung eine überaus einfache. Jedes Guthaben des einen entspricht genau der Verpflichtung irgend eines anderen Foliobesitzers; Zinsenberechnungen existieren nicht und außerdem sind die meisten Ein- und Austragungen so gleichmäßiger Art, daß in vorgedruckte Formulare bloß die Ziffern eingetragen zu werden brauchen. Die Folge davon ist, daß siebzehnhundert Bankbeamte genügen, um für den freiländischen Staat, für nahezu zweitausend Associationen und für $2^1/_2$ Millionen einzelne Menschen Buch zu führen, und die Fachmänner sind der Überzeugung, daß mit dem Wachstume der Bevölkerung die Gebarung sich verhältnismäßig noch vereinfachen wird.

Da in Freiland niemand mit Bargeld zahlt — ich habe in den acht Wochen meines bisherigen Aufenthaltes hier außer den Barmitteln, die ich selbst mitbrachte, noch kein Geldstück zu Gesicht bekommen — wunderte es mich anfänglich, warum die Freiländer überhaupt das Gold beibehalten haben und nach demselben rechnen. Ihre Hauptmünze ist nämlich das Pfund Sterling, jedoch nicht das englische, welches 25 Franken 22,15 Centimes wert ist, sondern ein Pfund in genauem Goldfeingehalte von französischen 25 Franken. Dieses Pfund wird in 20 Mark und die Mark in 100 Pfennige geteilt. Ich erklärte mir die Sache durch die Bedürfnisse des Außenhandels, den Freiland in sehr bedeutendem Umfange mit fremden Ländern treibt, beschloß aber doch, mir an maßgebender Stelle Auskunft zu holen und machte mich zu diesem Zwecke mit dem Leiter der freiländischen Bank bekannt, der dieselbe Lesehalle wie ich zu besuchen pflegte.

Dieser gemütliche, schon etwas ältere Herr war mit Vergnügen bereit, mich zu belehren, und so erfuhr ich denn, daß man in Freiland hauptsächlich aus dem Grunde das

Gold als Geld beibehalten habe, weil es der beste aller derzeit möglichen Wertmesser sei, Freiland aber eines guten Wertmessers noch viel dringender bedürfe als irgend ein anderes Land.

„Ist denn nicht Arbeit der beste Wertmesser? Tauschen wir die Dinge nicht im Verhältnis des zu ihrer Herstellung erforderlichen Arbeitsaufwandes gegeneinander?" fragte ich. „Wenn dieses Buch fünf Mark und jener Tisch zehn Mark kostet, so heißt das doch nichts anderes, als daß die Herstellung des Buches so viel Arbeit erfordere, wie die Herstellung des in fünf Mark enthaltenen Goldes, und die Herstellung des Tisches so viel Arbeit, als die des in zehn Mark enthaltenen Goldes. Wäre es nicht viel einfacher, den Arbeitsaufwand, der in Buch und Tisch enthalten ist, direkt zu bezeichnen und das Gold ganz aus dem Spiele zu lassen, etwa zu sagen: Das Buch ist eine Stunde und der Tisch ist zwei Stunden Arbeit wert?"

„Ich kann Ihnen das Lob nicht vorenthalten, mein junger Freund," antwortete verbindlich der Bankmann, „daß Sie gerade durch die zutreffende Art und Weise, mit welcher Sie das Wesen des Geldes auseinanderlegten, mir den Nachweis, daß Gold ein guter, der Arbeitsaufwand aber der denkbar schlechteste Wertmesser ist, außerordentlich erleichtert haben. Wenn wir sagen: das Buch kostet fünf und der Tisch zehn Mark, so haben wir damit allerdings den Wert nicht für alle Zukunft bezeichnet, denn das Buch kann nach Jahresfrist ebensogut vier als sechs Mark und der Tisch neun oder elf Mark wert werden, wenn sich nämlich das wechselseitige Verhältnis des in Buch, Tisch und Mark enthaltenen Arbeitsaufwandes zwischenzeitig verändert. Geschieht dies aber auch, so spricht mindestens die Vermutung dafür, daß die Ursache nicht im Golde, sondern im Buche oder im Tische gelegen sei, d. h. wir können voraussetzen, daß, wenn z. B. ein solches Buch im nächsten Jahre bloß vier Mark kostet, dies nicht deshalb der Fall sei, weil nunmehr zur Herstellung von vier Mark Gold eine Stunde erforderlich geworden sei, wie früher zur Herstellung von fünf Mark, während zur Herstellung des Buches nach wie vor eine Arbeitsstunde erforderlich ist; vielmehr wird unsere Vermutung dahin gehen, daß nach wie vor fünf Mark Gold in einer Stunde fabriziert werden können, der zur Fertigstellung eines solchen Buches erforderliche Arbeitsaufwand aber sich um ein Fünftel verringert habe. Und zwar vermuten wir das nicht etwa aus dem Grunde, weil dem Golde irgend eine mystische Eigenschaft der Wertbeständigkeit innewohnen würde, sondern deshalb, weil der Wert aller anderen Dinge der Hauptsache nach von jenem Arbeitsaufwande abhängt, der augenblicklich zu ihrer Herstellung erforderlich ist, während beim Wert des Goldes, von welchem seiner großen Haltbarkeit wegen im Verlaufe der Jahrhunderte und Jahrtausende sich große Vorräte aufgestapelt haben, dieser Einfluß einer Änderung des Arbeitsaufwandes nur verhältnismäßig langsam vor sich geht. Der Wert des Goldes ist also etwas zum mindesten verhältnismäßig Beständigeres als der Wert der anderen Dinge, und da es im Wesen der Sache liegt, daß man zum Messen des Wertes besser solche Dinge gebrauchen kann, deren eigener Wert möglichst beständig bleibt, so ist Gold zwar kein absolut guter, aber doch unter allen Dingen der verhältnismäßig beste Wertmesser. Das wird Ihnen auch allen anderen Dingen gegenüber von Anbeginn eingeleuchtet haben. Es bedarf keines tieferen Nachdenkens, um einzusehen, daß der Wert jedes Dinges viel besser, sicherer, dauernder bestimmt ist, wenn man ihn in gewissen Mengen Goldes ausdrückt, als wenn man es in bestimmten Mengen einer beliebigen anderen Ware thäte. In tausend Mark besitzen Sie doch offenbar einen unveränderlicheren Wert, als beispielsweise in hundert Centnern Getreide. Denn Sie werden im großen und ganzen mit diesen tausend Mark alle Ihre Bedürfnisse im nächsten Jahre ziemlich genau so gut decken können, wie heute, während, wenn heuer eine gute und im nächsten Jahre eine schlechte Ernte ist, dieselben hundert Centner Getreide Ihnen im nächsten Jahre die Deckung der doppelten Gesamtsumme von Bedürfnissen ermöglichen wie heuer.

Unter allen möglichen Dingen aber wäre der Arbeitsaufwand der denkbar schlechteste Wertmesser. Denn während alle andern Dinge ihren Wert, d. i. ihre Tauschkraft der Gesamtheit der andern Lebensbedürfnisse gegenüber nur *möglicherweise* verändern können, verändert menschliche Arbeit ganz gewiß fortwährend ihre Tauschkraft der Gesamtheit der Lebensbedürfnisse gegenüber, denn mit jedem Fortschritte der Kultur sinkt der zu Beschaffung der Gesamtheit aller Bedarfsartikel erforderliche Arbeitsaufwand. Dieser Tisch z. B. wird, wenn er in diesem Jahre zweistündigen Arbeitsaufwand zu seiner Herstellung erfordert, im nächsten Jahre wahrscheinlich in $1^9/_{10}$ Stunden, abermals nach einem Jahre in $1^8/_{10}$ Stunden, nach zehn Jahren vielleicht in einer Stunde herzustellen sein. Und da es sich durchschnittlich mit allen andern Dingen ebenso verhalten dürfte, so folgt daraus, daß, wenn ich Ihnen tausend Arbeitsstunden schuldig bin, diese meine Verpflichtung nach zehn Jahren den doppelten Wert erlangt hat, während es doch meine und Ihre Absicht bei Feststellung unseres Schuldverhältnisses ist, Vorteil und Last desselben möglichst dauernd zu bestimmen, was am besten dadurch geschieht, daß wir dieses Schuldverhältnis nicht in Arbeitsstunden, sondern in Gold feststellen, also nicht sagen: ich bin Ihnen tausend Arbeitsstunden, sondern: ich bin Ihnen fünftausend Mark schuldig. Ich will dies an einem Beispiele erläutern. Sie sind Mitglied der „Ersten Edenthaler Maschinen- und Transportmittel-Baugesellschaft", welche Association in unsern Büchern mit $2^1/_2$ Millionen Pfund Sterling belastet ist. Diese Schuld entspricht zum heutigen Arbeitswerte ziemlich genau zehn Millionen Arbeitsstunden; zur Zeit jedoch, wo diese Darlehen aufgenommen wurden, war der Wert der Arbeitsstunde viel geringer. Die Herstellung der Gebäude und Maschinen, welche Sie heute benutzen, hat weit über zwanzig Millionen Arbeitsstunden verschlungen, weil der Arbeitsaufwand zur Herstellung der nämlichen Dinge ein desto größerer war, je weiter wir in der Reihe der Jahre zurückschreiten. Wäre es nun nicht die schreiendste Ungerechtigkeit, ja, wäre es überhaupt mit dem Bestande Ihrer Association vereinbar, wenn sie zwanzig Millionen Arbeitsstunden schuldig wäre und zahlen müßte, während doch nach den heutigen Arbeitsverhältnissen in zwanzig Millionen Arbeitsstunden ihre gesamten Gebäude, Maschinen und Werkzeuge zweimal hergestellt werden könnten? Und nach ferneren zehn Jahren würden vielleicht zwanzig Millionen Arbeitsstunden genügen, um jene Anlagen viermal zu erneuern. Da wir in Gold rechnen, seid ihr $2^1/_2$ Millionen Pfund schuldig und das ist so ziemlich der Betrag, um welchen euere Einrichtungen auch heute zu erneuern sind und nach zehn Jahren wahrscheinlich zu erneuern sein werden. Eine Verschiebung kann ja Platz gegriffen haben und in Zukunft Platz greifen; aber wenn es der Fall ist, so wäre das eine bloß zufällige Verschiebung, gegen die sich nichts machen läßt und die keineswegs besonders große Tragweite besitzt; die Verschiebung des Arbeitswertes dagegen wäre eine notwendige, gewaltige, und ein Zahlungsverhältnis auf Grund des Arbeitswertes aufbauen, hieße den Verpflichteten von vornherein und absichtlich ruinieren.“

„Aber das ist noch nicht alles. Unsere ganze Wirtschaft würde in der Luft schweben, wenn wir den Wert der Dinge nach dem in ihnen steckenden Arbeitsaufwande bestimmen wollten. Denn der erste und wichtigste Zweck des Wertmessers ist ja, den Wert der Arbeit selber zu messen.

Wieviel das Buch, der Tisch, das Getreide oder das Eisen wert sein mögen, das sind Fragen von untergeordneter Bedeutung; worauf es uns zunächst ankommt, das ist, jederzeit genau zu wissen, wieviel die auf eine Sache gewendete Arbeit wert ist. Wüßten wir *das* nicht, von wo sollten wir wissen, worauf wir unsere Arbeit zu wenden haben? Oberste Aufgabe jeder Wirtschaft ist doch, daß jene Dinge erzeugt werden, auf welche sich der Bedarf richtet, und das vollzieht sich in der Weise, daß die Arbeiter sich jenem Produktionszweige zuwenden, in welchem sie bei gleicher Anstrengung den ihren Fähigkeiten entsprechenden höchsten Ertrag für die aufgewendete Mühe finden. Das heißt z. B.: dieser Tisch wurde aus dem Grunde produziert, weil die zehn Mark, die er wert ist, den mit seiner Produktion beschäftigten Arbeitern fünf Mark für die Stunde abwarfen, womit sie zufrieden waren. Diese zehn Mark für den Tisch oder fünf Mark für die Stunde erhielten sie bloß, weil Nachfrage nach Tischen war; hätten sich der Tischlerei mehr Arbeiter zugewendet, als der Nachfrage nach Tischlereiprodukten entsprach, so wäre der Preis des Tisches gesunken, die mit seiner Herstellung beschäftigten Arbeiter hätten weniger erhalten, als dem Durchschnittswerte der Arbeit entsprach; das hätte sie veranlaßt, ein anderes Gewerbe aufzusuchen, nach dessen Produkten verhältnismäßig stärkere Nachfrage herrschte, und gerade dadurch wäre das Gleichgewicht zwischen Angebot und Nachfrage wiederhergestellt worden. Wenn aber der Wert des Tisches nicht in Geld, sondern in dem zu seiner Herstellung erforderlichen Arbeitsaufwande ausgedrückt würde, dann erhielten die Tischler, gleichviel ob man ihre Erzeugnisse braucht oder nicht, unabänderlich den gleichen Preis, nämlich zwei Stunden, solange ein Tisch zweier Stunden zu seiner Herstellung bedarf, weniger nur dann, wenn der Arbeitsaufwand zur Herstellung des Tisches sinkt, und unter allen Umständen für den gleichen

Arbeitsaufwand den gleichen Wert, ihre Erzeugung mag dem Bedürfnisse entsprechen oder nicht. Dann bliebe uns nur zweierlei Möglichkeit offen: entweder müßten wir uns damit zufrieden geben, daß Dinge erzeugt werden, die niemand braucht, während an Dingen, die dringend gesucht werden, der größte Mangel herrschen könnte; oder wir müßten an die Stelle der Freiheit in der Berufs- und Arbeitswahl obrigkeitlichen Zwang setzen. Unsere Behörden hätten dann darüber zu bestimmen, was erzeugt werden soll, was natürlich zur ferneren Folge hätte, daß die Behörden die ganze Leitung der Produktion in die Hand nehmen müßten. Um das zu vermeiden, giebt es kein anderes Mittel, als den freien Markt mit wirklich brauchbarem, d. h. möglichst wertbeständigem Wertmesser; ein solcher ist das Gold und deswegen haben wir am Goldgelde als Wertmesser festgehalten."

„Und warum werden einzelne Leistungen hier doch nach Arbeitsstunden bemessen?" fragte ich.

„Weil wir bei diesen Leistungen — wie Gehalte, Versorgungsansprüche u. dgl. — haben wollen, daß ihr Wert *nicht* unveränderlich bleibe, sondern schritthaltend mit dem Wachstume der Arbeitsergiebigkeit zunehme."

Ich dankte für die empfangene Belehrung, fragte aber des ferneren, wie man in Freiland über jene abergläubische Angst denke, welche die meisten Socialisten Europas und Amerikas vor dem Golde empfinden.

„Wir halten dies" — so war die Antwort — „für ein bloßes Mißverständnis. Ob Gold oder irgend etwas anderes, meinethalben selbst der Arbeitsaufwand das Wertmaß wäre, bliebe sich mit Bezug auf jene Gefahren, die dem Gelde nachgesagt werden, mit diesem aber nicht das Geringste zu thun haben, ganz gleichgültig. Nehmen Sie an, man würde in Europa nicht nach Geld, sondern nach Arbeitscertifikaten rechnen; würde dadurch die Macht der großen Kapitalisten geringer werden, wenn sie statt über so und so viele

Millionen Mark, Franken oder Pfund über so und so viele Millionen Arbeitsstunden oder Arbeitstage verfügen würden? Das Übel der ausbeuterischen Welt liegt darin, daß der Arbeitende nicht den vollen Wert dessen erhält, was er erzeugt, sondern den Löwenanteil an Grundrentner, Kapitalisten und Unternehmer abtreten muß. Oder glauben die europäischen Socialisten, daß, wenn beispielsweise ein Centner Getreide statt mit zehn Mark mit zehn Arbeitsstunden bezahlt würde, diese zehn Arbeitsstunden dem Arbeiter gehören würden, der das Getreide hervorgebracht hat? Um das zuwege zu bringen, nützt die Änderung des Wertmessers nicht das Geringste; Boden und Kapital muß den Arbeitern zugänglich gemacht und ihnen dadurch die Möglichkeit geboten werden, den Arbeitsprozeß zu eigenem Nutzen zu betreiben; dann gehört ihnen das Produkt, gleichviel wie dessen Wert ausgedrückt wird, und damit, daß ihnen dieser Wert gehört, ist gründlich geholfen. Die Furcht vor dem Gelde gleicht dem Zorne des Kindes, das den Fußboden schlägt, auf dem es gestürzt, vermeinend, dieser Boden sei schuld an seinem Sturze; laßt dieses Kind einmal das Gehen erlernt haben und es wird desto sicherer auf seinen Füßen stehen, je fester der Boden ist, auf dem es sich bewegt."

Um die freiländischen Lagerhäuser kennen zu lernen, stattete ich den in Edenthal gelegenen in Begleitung Karls einen Besuch ab. Auch die Lagerhausverwaltung unterhält, trotzdem ihr Betrieb einheitlich für das ganze Land zusammengefaßt ist, in den meisten größeren Orten besondere Zweiganstalten, die dazu bestimmt sind, auf der einen Seite die Erzeugnisse der örtlichen Produktion aufzunehmen und an die Centrale abzugeben, auf der andern Seite für den örtlichen Bedarf die Erzeugnisse des ganzen Landes verfügbar zu halten. Nicht minder geht der Außenhandel durch die Hände der Lagerhausverwaltung. Es mag hier sofort bemerkt werden, daß Freiland beinahe ausschließlich bloß solche Güter fabriziert, bei deren Produktion Maschinenkraft eine hervorragende Rolle spielt, während jene Güter, die ihrer Natur nach hauptsächlich durch Handarbeit hervorgebracht werden müssen, vom Auslande eingeführt werden. Denn die freiländischen Arbeiter wären vermöge ihrer höheren Intelligenz und körperlichen Tüchtigkeit wohl auch in Handarbeit den ausgemergelten Knechten der bürgerlichen Welt in allen Stücken überlegen; trotzdem kann freiländische Handarbeit ihres hohen Wertes halber, der im Durchschnitt ungefähr das fünfzehnfache europäischen Tagelohns beträgt, mit bürgerlicher Handarbeit nicht konkurrieren: unsere Konkurrenzfähigkeit beginnt erst, wenn wir unsere stählernen Sklaven eintreten lassen können für die Knechtesarbeit der bürgerlichen Tagwerker. Denn diese unsere Sklaven sind noch genügsamer als die Knechte des Auslandes, die doch zum mindesten Kartoffeln zur Füllung ihres Magens und einige Lappen zur Bedeckung ihrer Blößen verlangen, während die unserigen durch die Elemente beinahe kostenlos gespeist werden und ein wenig Schmieröl genügt, um ihre Glieder gelenkig zu erhalten. Freiland nimmt solcherart im Außenhandel gleichsam die Rolle des großen Fabrikherrn, das Ausland die Rolle des Taglöhners ein, ganz dasselbe Verhältnis, welches, wenn auch nicht in so ausgesprochenem Maße, im Außenhandel aller Länder stattfindet, deren Arbeitslöhne verschieden sind. So ist es z. B. die englische Fabriksindustrie, welche für China, und die chinesische Handarbeit, welche für England produziert.

Das freiländische Lagerhaus berechnet den Produzenten nichts für Einlagerung und Verkauf der Waren; die Gebühr wird aus der allgemeinen Steuer gedeckt und gelangt solcherart in der einfachsten Weise zur Verteilung an alle Produzenten. Der Verkauf der Massenartikel geschieht im Wege von Auktionen, in welchen die großen Kunden, das

sind die freiländischen Associationen und das Ausland,
ihren Bedarf decken. Doch auch die Gegenstände des
Einzelbedarfs werden in der Regel von der
Lagerhausverwaltung der Güte nach klassifiziert und der
Preis für dieselben nach dem von der statistischen
Centralstelle und der Bank mitgeteilten durchschnittlichen
Kostenbetrage angesetzt, welcher Kostenansatz jedoch
keineswegs als etwas Unabänderliches gilt, sondern, so oft
die Nachfrage das Angebot zu überflügeln sich anschickt,
entsprechend erhöht, im umgekehrten Falle entsprechend
ermäßigt wird.

Als wir die Möbelabteilung des Lagerhauses
durchschritten, wo tausende und abertausende der
verschiedenartigsten Einrichtungsstücke übersichtlich
geordnet und mit Preisangaben versehen ausgestellt waren,
fiel uns vor einem besonders kunstreich ausgeführten
Schrank, in tiefe Gedanken versunken stehend eine Gestalt
auf, in der wir alsbald Professor Tenax, unsern einstigen
Lehrer der Nationalökonomie — wir hatten nämlich beide
während unserer technischen Studien dieser Wissenschaft
zwei Semester an der Universität unseres Geburtsortes
gewidmet — erkannten. Wir begrüßten freudig den
grundgelehrten, bei all seinen Schülern überaus beliebt
gewesenen Mann und wollten ihn eben fragen, was ihn
hierher geführt und wie lange er sich in Freiland
aufzuhalten gedenke, als er, diese Auseinandersetzung kurz
abwehrend, in die zornigen Worte ausbrach: „Und das
nennt man das Land der Freiheit! Seht her, Ihr jungen
Leute, dahin muß es kommen, wenn man gegen die
Grundsätze der Wissenschaft verstößt! Dieses wundervolle
Stück hier, welches in Europa seine guten tausend Mark
wert ist, muß sich gefallen lassen, hier unter allerlei
miserable Marktware gemengt für fünfhundert Mark
feilgehalten zu werden. Ist das nicht der Tod aller
hervorragenden Geschicklichkeit, wenn solcherart die

Produzenten gezwungen werden, ihre Erzeugnisse nach der unberechenbaren und unkontrollierbaren Laune einer allmächtigen obersten Behörde abschätzen zu lassen?"

„Aber, mein verehrter Lehrer," so wagte Karl schüchtern einzuwenden, „es zwingt ja niemand die Erzeuger dieses Schrankes, sich der Abschätzung der Lagerhausverwaltung zu fügen; wenn ihnen diese unzutreffend erscheint, wenn sie glauben, mehr erhalten zu können, so steht es ihnen frei, einen beliebig hohen Preis anzusetzen. Wenn sie sich mit fünfhundert Mark für ein Stück begnügen, welches in Europa allerdings den doppelten Preis hätte, so liegt dies nur daran, daß man hier alles mit Maschinen, in Europa dagegen zumeist durch bloße Handarbeit fabriziert. Sie werden dieselbe verhältnismäßige Wohlfeilheit auch bei den anderen Möbeln finden. Der Preisansatz der Lagerhausverwaltung entspricht offenbar dem wirklichen Werte des Stückes."

Es war die Eigenheit unseres geschätzten Lehrers, eine Widerlegung, gegen welche er nichts Stichhaltiges vorzubringen vermochte, damit zu beantworten, daß er eine ganz neue Frage aufwarf; und so meinte er denn mit einem verächtlichen Achselzucken: „Und ist es vielleicht ‚Freiheit‘, daß man hier jeden Menschen zwingt, sich in irgend eine große Association einschachteln zu lassen, wenn er irgend etwas arbeiten will?"

„Auch dazu wird ja niemand gezwungen," nahm nun ich das Wort.

„So?" — fragte ironisch Professor Tenax. „Dann sagen Sie mir einmal, Sie junger Alleswisser, wer in Freiland auf eigene Faust, allein auf sich gestellt, arbeitet?"

„Niemand," gab ich zu. „Aber das unterbleibt nur, weil niemand Lust dazu hat."

„Wundervoll!" höhnte Tenax. „Es hat niemand Lust dazu, weil niemand es wagen darf, ein solches Gelüste zu zeigen. Ist es etwa nicht wahr, daß ihr die Benutzung jedes

Fleckchens Boden und die Bewilligung jedes Produktionskredits an die Bedingung knüpft, daß alle Welt an der mit Hilfe dieses Bodens und dieses Kredits in Gang gesetzten Produktion teilzunehmen das Recht haben müsse?"

„Allerdings," erklärte ich. „Aber abgesehen davon, daß ich darin, wenn an die Benutzung einer aller Welt gehörigen Sache die Bedingung geknüpft wird, deren Gebrauch müsse aller Welt zugänglich sein, kein Unrecht zu erblicken vermag, abgesehen davon ist es gar nicht das, was irgendwen hindert, auf eigene Faust zu arbeiten Sollte sich ein Sonderling finden, der Lust bezeugte, eine Arbeit für sich allein zu betreiben, so würde wohl alle Welt hier über ihn verwundert den Kopf schütteln, sich aber schwerlich jemand finden, der sich ihm zu dem Zwecke aufdrängte, an seiner Thorheit teilzunehmen."

„Was man nicht alles lernt, wenn man alt genug wird!" rief Professor Tenax. „Also auf eigene Faust zu arbeiten, ist eine so unermeßliche Thorheit, daß hier in diesem Lande der alles durchdringenden Vernunft sich niemand findet, der derselben fähig wäre? Merkwürdig nur, daß wir da draußen all die Jahrtausende unserer bisherigen Kultur hindurch just das Gegenteil von dem vor uns sahen, was hier mit einemmale als das einzig Mögliche hingestellt wird. Möchten Sie mir nicht erklären, woher dieser Umschwung in den Anschauungen und Neigungen der Menschen hier so urplötzlich eingetreten ist?"

„Es ist das kein Umschwung der Anschauungen und Neigungen, sondern ein solcher der äußeren Existenzbedingungen," antwortete Karl. „Auch da draußen würde jedermann lieber mit vereinten Kräften mehr und besseres, als vereinzelt weniger und schlechteres erzeugen, wenn er nur die Mittel dazu hätte, nämlich das zu großer Produktion erforderliche große Kapital. Hier wo diese Möglichkeit für jedermann gegeben ist, zwingt den Arbeiter sein eigener Vorteil, sich einer großen Vereinigung von Arbeitskräften anzufügen, weil er nur in dieser Vereinigung jene großartigen Arbeitsbehelfe handhaben und ausnutzen kann, die den Ertrag seiner Arbeit verzehnfachen und verfünfzigfachen."

Abermals wechselte Professor Tenax das Thema und fragte, schon einigermaßen gereizt, ob wir denn auch rechtfertigen könnten, daß Produzenten, die unter allem erdenklichen Aufwande von Fleiß und Geschicklichkeit ihr Geschäft in Blüte gebracht hätten, durch die sogenannte Freizügigkeit der Arbeitskräfte gezwungen würden, jeden Unhold in ihrer Mitte aufzunehmen, der ihnen die Ehre erweisen wolle, an den Früchten ihrer Arbeit teilzunehmen. „Wenn ich nicht einmal das Recht habe, mir die Genossen meiner Arbeit nach meinem Geschmacke auszuwählen, so ist das nicht Freiheit, sondern Galeerensklaverei."

„Also wählen sich in der bürgerlichen Welt die Arbeiter ihre Genossen nach ihrem Geschmacke?" fragte nun ich, Spott mit Spott zurückgebend. „Davon habe ich in europäischen Fabriken nichts bemerkt."

„Aber in Europa hat wenigstens der Arbeitgeber oder dessen Stellvertreter das Recht, sich die Leute anzusehen, bevor er sie aufnimmt."

„Richtig. Doch thut er dies nicht auf ihre Liebenswürdigkeit und ihre gefälligen Umgangsformen hin, sondern sieht sie bloß darauf an, ob sie ihm für die Arbeit, zu welcher sie sich anbieten, geeignet erscheinen oder nicht; das thun unsere Direktoren auch, und der Unterschied liegt bloß darin, daß diese unsere Direktoren, welche zwar nicht über die Aufnahme, wohl aber über die Verwendung jeglicher Arbeitskraft zu entscheiden haben, Beauftragte nicht eines den Arbeitern fremd und kalt gegenüberstehenden Arbeitgebers, sondern der Arbeiter selbst sind. Schlimmer also, als in der bürgerlichen Welt, ist es bei uns in diesem Punkte auf keinen Fall."

„Aber auch nicht um vieles besser," knurrte Professor Tenax; „und ihr rühmt euch doch, die beste aller Welten eingerichtet zu haben."

„Daß ich nicht wüßte," erklärte Karl. „Wir glauben, die den derzeitigen Existenzbedingungen der Menschheit entsprechende best*mögliche* Ordnung eingeführt zu haben; das absolut Beste, an und für sich Vollkommene zu erreichen, überlassen wir den Göttern. Solange die Menschen nicht Engel geworden sind — und wir maßen uns nicht an, sie dazu machen zu können — werden sie etwaige Folgen ihrer Fehler zu ertragen haben. Und wenn daher einzelne Genossen nicht in allen Stücken *eines* Herzens und *eines* Sinnes mit den übrigen sind, so müssen das beide Teile als etwas Unabwendbares hinnehmen, ohne sich das Recht anzumaßen, um dieser mangelnden vollkommenen Harmonie willen den andern Teil in seinem Rechte zu kränken."

„Aber begreifen Sie denn nicht," rief Professor Tenax, „daß es unter Umständen geradezu unleidlich werden kann, sich an Personen gekettet zu sehen, die einem — gleichviel aus welchem Grunde — nun einmal zuwider sind?"

„Es fragt sich nur, was Sie unter diesem ‚aneinander gekettet sein' verstehen. In mein Haus, in meine Familie, in meinen gesellschaftlichen Verkehr werde ich nur Menschen zulassen, die mir angenehm sind; aber in der Fabrik handelt es sich ja nicht um geselligen Umgang, sondern um Produktion, und damit diese einträchtig von statten gehe, genügt es, daß mein Nebenmann die Arbeit verstehe, auch wenn er keinerlei Verständnis und Sympathie für meine geistigen oder gemütlichen Regungen besitzt. Insbesondere im modernen Großbetrieb tritt die Persönlichkeit des Arbeitenden so sehr in den Hintergrund vor der Gewalt der Maschine, daß nur einigermaßen vernünftige Disciplin vollauf genügt, um alle aus persönlichen Gegensätzen herrührenden Mißhelligkeiten von vornherein unmöglich zu machen. Wenn wir uns das Recht anmaßen wollten, unsympathische Personen von unsern Fabriken fernzuhalten, warum sollten wir sie dann in unseren Städten dulden? Unangenehme Gewohnheiten, Anschauungen oder Neigungen eines Menschen sind mir viel unbequemer, wenn ich mit ihm denselben Wohnort, als wenn ich die Arbeitsstätte mit ihm teilen muß. Denn nur in dem ersteren habe ich mit ihm als Menschen, in der letzteren hauptsächlich als Gütererzeuger zu thun. Wenn Sie also, geehrtester Professor, ein Feind der Freizügigkeit sind, weil sie uns mit jedem beliebigen ‚Unhold‘ in Verbringung bringen kann, dann sollten Sie in erster Linie gegen die *politische* Freizügigkeit zu Felde ziehen, die aber, wie ich sehr gut weiß, obenan steht auf dem Programme gerade jener politischen Richtung, zu deren Zierden Sie gehören, nämlich der liberalen.“

„Mit Fanatikern gleich euch ist nicht fertig zu werden,“ brach jetzt Professor Tenax das ihm unbequem gewordene Gespräch ab, was ihn jedoch, da er von Natur guten Herzens ist, nicht hinderte, Karls Einladung, während seiner Anwesenheit in Edenthal recht häufig unser Gast zu sein, bereitwilligst anzunehmen.

Zehntes Kapitel.
Unmöglichkeit von Krisen in Freiland.
Die freiländische Rentenversicherung.

Ich hatte sehr rasch begreifen gelernt, warum der Grundsatz der Freizügigkeit, der in nichts anderem als in der Hinwegräumung jedes dem wohlberatenen Eigennutze entgegenstehenden Hindernisses besteht, zur Harmonie aller wirtschaftlichen Verhältnisse führen müsse; um Unklarheiten, die sich mir in diesem Punkte aufdrängen mochten, vollends zu beseitigen, genügte es, wenn ich die großen Klassiker der nationalökonomischen Wissenschaft, insbesondere Adam Smith zu Rate zog, deren Lehre ja in allen Stücken auf der Durchführung dieses Grundsatzes beruht und die bei ihren Schlußfolgerungen bloß darin irrten, daß sie vermeinten, die *politische* Freiheit allein könne genügen, um die der freien Bethätigung des Eigennutzes Aller entgegenstehenden Hindernisse zu beseitigen. Nur eines wurde mir nicht völlig klar, die Frage nämlich, ob denn nicht unter Umständen auch über Freiland eine jener Krisen hereinbrechen könne, eine jener allgemeinen Absatzstockungen, von denen die bürgerliche Welt periodisch heimgesucht wird. Die Arbeitserträge gleichen sich in Freiland unter dem Einflusse der Freizügigkeit in der Weise aus, daß es den Arbeitern ermöglicht ist, der Stätte des jeweilig höchsten Ertrages zuzuziehen. Das ist nun in der bürgerlichen Welt allerdings nicht möglich, denn die Arbeiter haben dort nicht die Macht, sich ihre Arbeitsstätten auszuwählen; sie müssen warten, bis der Unternehmer ihrer bedarf. Aber der Nutzen der Unternehmer ist es, was in der bürgerlichen Welt — zum Teile wenigstens — den freiwaltenden Eigennutz der Arbeitenden ersetzt; wenn es den Unternehmern schlecht geht, entlassen sie Arbeiter, wenn es ihnen gut geht, nehmen sie welche auf, und man sollte also meinen, daß — langsam zwar, aber schließlich doch in der gleichen Weise wie in Freiland — die Gewinne sich ausgleichen, jede Absatzstockung vermieden werden müßte. Da dies in der bürgerlichen Welt nicht der Fall ist, ja, da mehr und mehr allgemeine Absatzstockung, d. h. Überproduktion zur Regel wird, so suchte ich lange vergeblich nach dem letzten Erklärungsgrunde für den Unterschied, den ich so sinnfällig vor Augen sah und von welchem eine innere Stimme mir sagte, daß er sich als notwendig begründen lassen müsse. Der Vorsteher des Lagerhauses brachte mich bei einem Besuche, den ich ihm kürzlich in geschäftlichen Angelegenheiten meiner Gesellschaft abstattete, mit wenigen Worten auf die rechte Spur.

Als ich ihn fragte, ob sich nicht gelegentlich eine allgemeine Überfüllung der Lagerräume infolge zum mindesten vorübergehender allgemeiner Absatzstockung einstelle, antwortete er mir mit der verwunderten Gegenfrage: „Ja wozu sollten denn in einem solchen Falle alle hier aufgestapelten Waren produziert worden sein? Ihr von der Edenthaler Transportmittel-Gesellschaft erzeugt doch die Maschinen, welche ihr hersendet, nicht, weil es euch Vergnügen macht, mit Eisen und Stahl zu hantieren, sondern weil ihr mit dem Ertrage eurer auf diese Maschinen gewendeten Arbeit eure unterschiedlichen Bedürfnisse decken wollt; das nämliche gilt von den Gesellschaften, welche die der Lagerhausverwaltung eingesendeten Möbel, Kleidungsstoffe, Nahrungsmittel u. dgl. erzeugt haben; alle verkaufen sie bloß, um zu kaufen, und es kann sich daher stets nur darum handeln, ob gerade die richtigen Dinge erzeugt worden sind, jene Dinge nämlich, auf welche sich die Nachfrage der Verkäufer, welche zugleich Käufer sind, richtet, und damit das zuwege gebracht werde, dafür sorgt eben unsere Freizügigkeit. Daß im allgemeinen mehr erzeugt werde, als man braucht, dazu wäre erforderlich, daß unsere Produzenten nicht arbeiten, um zu genießen, sondern um der Plage der Arbeit willen." Und als ich des ferneren einwendete, daß das alles auch in der bürgerlichen Welt gelte und trotzdem Überproduktion dort sogar die Regel sei, meinte der Lagerhausverwalter lächelnd: „Sie übersehen, daß sich all das in der bürgerlichen Welt eben *nicht* so verhält; zwar arbeiten auch dort die Leute, nicht um sich zu plagen, sondern um zu genießen, aber sie mögen um noch so vieles mehr erzeugen, sie können deswegen doch nicht mehr genießen, weil ja der Ertrag ihrer Arbeit nicht ihnen, d. h. nicht den Arbeitenden, sondern einer Minderheit, den Arbeitgebern, gehört."

„Richtig. Aber diese letzteren wollen doch genießen, was die anderen hervorbrachten?"

„Nein, auch diese wenigen können und wollen nur zum Teil genießen, was jene hervorbringen; sie können es nur zum Teil, weil sie ja schließlich auch nur je einen Magen und je einen Körper haben; sie wollen es nur zum Teil, weil sie es vorziehen, einen andern Teil der ihnen gehörigen Arbeitserträge nicht als Genußmittel, sondern als Machtmittel anzuwenden."

„Sie meinen, die Arbeitgeber wollen einen Teil der Arbeitserträge kapitalisieren?" entgegnete ich. „Kapitalisieren heißt aber den Arbeitsertrag in ein Instrument neuer Arbeit verwandeln. Und ob nun die Arbeitgeber Spitzen und feine Weine, oder ob sie Maschinen, Fabrikseinrichtungen und Werkzeuge kaufen, bleibt sich in dem Punkte, um welchen es sich hier handelt, ganz gleichgültig; sie wollen immer für das, was sie verkaufen, etwas anderes kaufen. Und immer wieder sollte es sich nur darum handeln, ob gerade die richtigen Dinge erzeugt werden, nicht aber darum, ob überhaupt Dinge in genügender Menge auf dem Markte gesucht werden."

„Ja, wenn die bürgerlichen Arbeitgeber neben Spitzen und Weinen nur Maschinen, Werkzeuge und Fabrikseinrichtungen auf dem Markte suchen wollten oder könnten, dann gäbe es freilich auch in der bürgerlichen Welt kein allgemeines Mißverhältnis zwischen Angebot und Nachfrage; aber darin liegt's eben: sie können und sie wollen keine Werkzeuge und Maschinen kaufen, weil sie keine Verwendung für diese haben, d. h. wohlverstanden, keine über ein gewisses, sehr eng begrenztes Maß hinausgehende Verwendung. Man kann doch keine neuen Spinnereien bauen, wenn der Verbrauch an Gespinsten nicht zunimmt, keine neuen Schuhwarenfabriken errichten, wenn nach wie vor die große Masse der Menschen barfuß oder in zerrissenen Stiefeln umherlaufen muß. Den Arbeitgebern bleibt nichts übrig, als ihre sogenannten Ersparnisse dazu zu verwenden, um bereits bestehende Fabriken, Eisenbahnen und sonstige Anlagewerte zu kaufen, d. h. den Preis derselben wetteifernd in die Höhe zu treiben. Damit aber, daß eine bereits bestehende Fabrik oder Eisenbahn oder die über diese Fabrik oder Eisenbahn im Umlauf gebrachten Besitztitel im Preise steigen, wird keinerlei Nachfrage auf dem Gütermarkte hervorgerufen; die Kapitalisten der bürgerlichen Welt sind also regelmäßig in der Lage, zwar alle ihnen gehörigen Erzeugnisse verkaufen, aber nur für einen Teil des Erlöses andere Erzeugnisse auf dem Markte kaufen zu wollen; das ruft natürlich ein Mißverhältnis hervor, welches man mit dem Namen Überproduktion belegt hat, und welches, wenn es stärkeren Umfang erreicht, Krisis heißt."

Diese einfache Darlegung machte mir klar, warum hierzulande ein derartiges allgemeines Mißverhältnis zwischen Angebot und Nachfrage gänzlich ausgeschlossen ist. Da es unzweifelhaft einem allgemein geltenden Gesetze entspricht, daß niemand produziert zu anderm Zwecke, als um für den Erlös seiner Produktion irgend etwas einzutauschen, und da es hier nichts anderes als Erzeugnisse menschlicher Arbeit giebt, die man eintauschen kann, so muß immerwährendes Gleichgewicht herrschen, etwas, was bekanntlich die großen Ökonomisten auch für die bürgerliche Welt als notwendig hingestellt haben, ohne sich selbst klar zu sein, warum es, wie ihrem Scharfsinne niemals vollständig entging, doch thatsächlich nicht zutraf. Auch der Freiländer kann dasjenige, was er erzeugt, wenn er will in irgend einer Form beiseite legen, ersparen; aber die Form, in der er das thut, kann unter keinen Umständen eine andere sein, als daß er dem Markte irgend ein Erzeugnis menschlicher Arbeit entnimmt. In ein Machtmittel, in einen verbrieften Anspruch auf zukünftige Arbeitsergebnisse anderer Menschen vermag er in Freiland sein Arbeitsergebnis niemals zu verwandeln und er kann daher niemals das Gleichgewicht des freiländischen Marktes stören, indem er im Austausch für seine Erzeugnisse statt der *Erzeugnisse* anderer, solche *Machtansprüche* über andere zu erwerben sucht. So lange es für Freiland ein Ausland giebt, geschieht es, daß freiländische Sparer ausländische zinstragende Werte kaufen; aber auch das kann natürlich nur auf dem fremden, nicht aber auf dem freiländischen Markte ein Mißverhältnis zwischen Angebot und Nachfrage nach Waren hervorrufen; denn in diesem Falle sind es eben freiländische Erzeugnisse, die für ausländische Besitztitel hintangegeben werden; es vermindert sich also in einem solchen Falle allerdings die Nachfrage, ebenso aber auch das Angebot von Waren in Freiland.

Ebensowenig vermag der Außenhandel das Gleichgewicht zwischen Nachfrage und Angebot in Freiland zu stören. Da es doch offenbar ist, daß uns das Ausland nichts schenkt, sondern stets nur Ware gegen Ware tauscht, so steht notwendigerweise den zum Verkaufe bei uns angebotenen fremden Waren eine entsprechende Nachfrage aus dem Erlöse freiländischer, im Auslande verkaufter Waren gegenüber. Der Außenhandel bewirkt bloß, daß wir unsern Bedarf an solchen Gütern, die vorteilhafter im Auslande als im Inlande erzeugt werden, nicht direkt durch die Selbsterzeugung dieser Dinge, sondern dadurch decken, daß wir an ihrer Statt solche Dinge hervorbringen, die vorteilhafter bei uns als im Auslande produziert werden können, was natürlich zur Folge hat, daß wir diesen Teil unseres Bedarfes besser und reichlicher zu decken vermögen, als wenn wir die fraglichen Dinge unmittelbar selber herstellten. Dagegen läßt sich allerdings nicht leugnen, daß die Handelsbeziehungen mit dem von häufigen und heftigen Produktionsschwankungen heimgesuchten Auslande häufigere und heftigere Schwankungen des Gleichgewichtes unserer eigenen Produktionserträge hervorrufen, als durch die Schwankungen unserer eigenen Produktions- und Nachfrageverhältnisse von Haus aus bedingt wäre. Es kommt mitunter vor, daß das Ausland gewisse Güter, die auch bei uns selbst erzeugt werden, zu Schleuderpreisen bei uns verkauft, was dann zur selbstverständlichen Folge hat, daß auch unsere eigenen Preise und damit die Erträge unserer eigenen davon zunächst betroffenen Produktionen herabgedrückt werden; allein solche Ungleichheiten werden dank unserer Freizügigkeit leicht und ohne tiefergehende Schädigung der dabei Beteiligten überwunden. Wollten wir uns gegen das Ausland absperren, so könnten wir uns gegen solche Schwankungen schützen; aber da dies auf Kosten der internationalen Arbeitsteilung und folglich auf Kosten unseres Wohlstandes vor sich ginge, indem wir solcherart dauernd genötigt wären, statt jener Dinge, die wir mit dem größten Vorteil produzieren, jene Dinge zu erzeugen, die wir unmittelbar selber verbrauchen, so läßt sich hier niemand beifallen, derartige Absperrungsmaßregeln zu befürworten.

Eine ganz besondere Art von Hinterlegung der Produkte gegenwärtiger Arbeit für zukünftigen Gebrauch findet durch Vermittelung der Versicherungsabteilung unserer freiländischen Centralbank statt. Wie bereits erwähnt, hat jeder Freiländer für den Fall seiner Arbeitsunfähigkeit Anspruch auf Versorgung durch die Gesamtheit; doch beträgt dieser Versorgungsanspruch bloß vier Zehntel des durchschnittlichen Ertrages freiländischer Arbeit für Männer und drei Zehntel für Frauen; das genügt zwar für behäbiges, ja reichliches Auskommen, nicht aber unter allen Umständen, um den Beteiligten die ganz unveränderte Fortführung jener Lebensweise zu gestatten, an die sie sich während der Zeit ihrer Thätigkeit gewöhnt haben mögen. Die Versicherungsabteilung bietet nun denjenigen, die im späteren Alter für sich und ihre Frau mehr als den allgemeinen Versorgungsanteil haben wollen, das Mittel, diesen ihren Zweck zu erreichen. Wer eine nach Altersklassen abgestufte Prämie zahlt, kann seine Versorgungsrente beliebig erhöhen.

Das eigentümliche dieser freiländischen Versicherung besteht darin, daß für die eingezahlten Prämien zwar keine Zinsen angerechnet werden, dafür aber die gesamte Verrechnung nicht in Geld, sondern in Arbeitswerten vor sich geht. Es ist dies folgendermaßen zu verstehen. Europäische oder amerikanische Versicherungsanstalten bezahlen z. B. einem Manne bestimmten Alters, der bis zu einem vorher bestimmten Zeitpunkte jährlich fünfhundert Mark einzahlt, nach diesem Zeitpunkte — sagen wir — jährlich tausend Mark als Rente; die freiländische Versicherung zahlt einem solchen Manne für je hundert Stundenwerte, die er jährlich bis zu eintretender Arbeitsunfähigkeit als Prämie entrichtet, von da ab eine Jahresprämie von zweihundert Stundenwerten; nun beträgt aber der Stundenwert gegenwärtig in Freiland fünf Mark; er dürfte bei Eintritt des hier ins Auge gefaßten Rentenbezuges vielleicht zehn Mark betragen und bis zum Tode des Bezugsberechtigten auf zwölf Mark steigen; unser Mann hätte also eine allmählich von fünfhundert bis zu tausend Mark steigende Jahresprämie gezahlt und sich dafür eine von zweitausend auf zweitausendvierhundert Mark steigende Rente gesichert. Der Zweck dieser Einrichtung ist, Leistung wie Gegenleistung mit der Leichtigkeit der Einzahlung einerseits und mit dem durch den allgemeinen Reichtum bedingten Wachstume der Bedürfnisse anderseits in Einklang zu bringen; wenn der Wert der Arbeit in Freiland steigt, sollen, gleich den allgemeinen Versorgungsansprüchen, auch die von der Versicherung gezahlten Renten steigen.

Da die Versicherungsanstalt in Freiland natürlich keine Zinsen machen kann, so ist das solcherart eintretende Wachstum der Versicherungsrenten streng genommen nach versicherungstechnischen Grundsätzen ungerechtfertigt; die Versicherten erhalten im Durchschnitt wesentlich mehr, als ihrer Einzahlung entspricht, und der Unterschied muß natürlich von der Gesamtheit getragen werden. Aber man ist in Freiland der Ansicht, daß hierin keine Ungerechtigkeit liegt. *Zinstragend* kann die Versicherungsanstalt die Einzahlungen der Versicherten allerdings nicht anlegen, aber sie legt sie eben doch und zwar durch Vermittelung der Centralverwaltung *fruchtbringend* an, sei es in Form dem allgemeinen Nutzen dienender Bauten, sei es in Form der den Associationen gewährten Kredite. Das Gemeinwesen ist es, welches den Vorteil aus allen diesen Anlagen hat, und zwar nehmen daran nicht bloß die Einzahlenden und ihre Zeitgenossen, sondern auch die kommenden Geschlechter teil; die Versicherten haben aus ihren Ersparnissen der Gesamtheit für Gegenwart und Zukunft Instrumente fruchtbarer Arbeit zur Verfügung gestellt, und wenn ihnen nun bei Bemessung der Rente außer den eingezahlten Beträgen selbst noch ein Teil des kraft dieser Einzahlungen erzielten Zuwachses der Arbeitserträge vergütet wird, so ist dies nicht mehr als billig.

Nebenbei bemerkt erwächst für die Gesamtheit einstweilen und wohl noch auf Jahrzehnte hinaus aus dieser Versicherungseinrichtung keinerlei Last, im Gegenteil ermöglichen die Eingänge aus den Versicherungsprämien, daß dem Kapitalbedürfnisse der Gesamtheit entsprochen werden kann, ohne daß die allgemeine Steuer jene Höhe erreichen müßte, die andernfalls zur Aufbringung der erforderlichen Beträge notwendig wäre. Es übersteigen nämlich derzeit die Prämieneinzahlungen weitaus die Renten, und das wird insolange währen, als infolge der Neuheit dieser Einrichtung einerseits und des rapiden Wachstums der Bevölkerung anderseits die Menge der zahlenden Versicherten so vielfach größer ist als die Menge der Zahlung Empfangenden. Später einmal wird sich das ändern; aber wenn es geschieht, wird inzwischen die Ergiebigkeit der freiländischen Arbeit und zwar unter Mitwirkung der von den Versicherten beigesteuerten Kapitalien so gewaltig gewachsen sein, daß eine allfällige geringfügige Erhöhung des Steuersatzes leicht zu ertragen sein wird.

Zum Schlusse will ich noch erwähnen, daß diese ganze Einrichtung sich lediglich auf Altersrenten, nicht aber auf die Versorgung von Kindern bezieht. Letzteren genügt unter allen Umständen ihr unveräußerlicher Anspruch auf den Fruchtgenuß des Gesamtreichtums. Daß die Zukunft zu Gunsten von Menschen belastet werde, die in der Vergangenheit noch nichts geleistet haben, halten die Freiländer für unsinnig. Über die Ergebnisse seiner eigenen Arbeit kann jedermann nach seinem Belieben im Leben wie für den Todesfall verfügen; es steht ihm also frei, seinen Kindern zu hinterlassen, was er ersparte — mehr aber nicht.

Elftes Kapitel.
Eine Ferienreise in Freiland. Der landwirtschaftliche Betrieb. Verteilung von Boden und Kapital.

Da Karl die eine Hälfte seiner Ferienzeit für den Monat August vorgemerkt hatte — es werden nämlich in der Regel die üblichen zwei Ferienmonate nicht in einem Zuge, sondern in zwei verschiedenen Abschnitten genossen — so beschloß ich, auch meinen Urlaub in der gleichen Zeit zu nehmen. Im allgemeinen gilt es als Sitte, daß die jüngeren Kollegen sich in Bezug auf die Verteilung der Ferien den Wünschen der älteren anbequemen, in der Art, daß diesen die Wahl gelassen ist und die jüngeren erst Urlaub nehmen, wenn jene zurückgekehrt sind. Ein Zwang in dieser Beziehung besteht nicht, aber ich hatte bald bemerkt, daß Sitte und Gepflogenheit hier eine Macht ausüben, die derjenigen der strengsten Gesetze gleichzuachten ist. Es ist das übrigens nichts Freiland Eigentümliches, sondern eine Erfahrung, die, wenn auch selbstverständlich nicht im selben Maße, schon die bürgerliche Welt überall gemacht hat, wo das in ihr überhaupt mögliche Maß von Freiheit zur Geltung gelangte. Ich hätte mich also im August, der als Ferienmonat stark begehrt wird, nicht frei machen können, wenn nicht einer der älteren Kollegen aus Rücksicht auf mein freundschaftliches Verhältnis mit Karl freiwillig zurückgetreten wäre und dafür die mir zugefallene Ferienzeit, den September, in Tausch genommen hätte.

Die Ferien werden von den Freiländern zumeist zu Reisen benutzt. Man durchwandert die Gebirgswelt des Kenia oder

der 70 Kilometer von diesem westwärts gelegenen Aberdarekette, unternehmendere Touristen dehnen ihre Ausflüge bis an den 350 Kilometer nordwestlich gelegenen Gebirgsstock des Elgon aus, der zwar keinen einzigen dem Kenia auch nur annähernd an Mächtigkeit ebenbürtigen Gipfel aufweist, dessen einzelne Höhen jedoch gleichfalls bis in die, hier unterm Äquator bei 14000 Fuß Seehöhe beginnende Schneeregion hineinragen. Andere steigen über Uganda zum Ukereweesee herunter, dessen 4000 Fuß über dem Meeresspiegel gelegene Uferlandschaften in der kühlen Jahreszeit einen sehr angenehmen Aufenthalt und Gelegenheit zu großartigem Ruder- und Segelsport bieten. Alle diese Ausflüge sind durch ein zwar noch in den Anfängen begriffenes, für europäische Begriffe aber doch schon stark entwickeltes Straßen- und Eisenbahnnetz ungemein erleichtert und an den best- und schönstgelegenen Punkten haben verschiedene freiländische Baugesellschaften Gasthöfe und Villen errichtet, in denen die Reisenden je nach Geschmack entweder in idyllischer Einsamkeit oder zu größeren Gesellschaften vereint zu den billigsten Preisen Unterkunft finden. Da der Personentransport auf den Eisenbahnen durch ganz Freiland gar nichts kostet, sondern — gleich Post, Telegraph und elektrischer Kraftleitung — vom Gemeinwesen unentgeltlich geleistet, d. h. aus der allgemeinen Auflage gedeckt wird, so stellt sich das Reisen in Freiland kaum wesentlich höher als der Aufenthalt am ständigen Wohnorte. Für fünfzig, höchstens achtzig Pfennige den Tag erhält man überall ein bequem eingerichtetes Hotelzimmer, eine ganze, aus drei bis acht Wohnräumen bestehende Villa für fünfzehn bis vierzig Mark die Woche; Lebensmittel sind überall zu fabelhaft mäßigen Preisen zu haben, und nur die Bereitung der Speisen verursacht in den einsamer gelegenen Villen etwas größere Kosten. Ich habe während unseres einmonatlichen Umherwanderns vom Kenia bis zum

Ukerewe nicht mehr als zweihundertundzwanzig Mark ausgegeben und von dieser Summe kamen reichlich drei Vierteile nicht auf die Deckung der gewöhnlichen Lebensbedürfnisse, sondern auf den Aufwand für Bergführer, Ruderboote, eine Segelyacht, Reitpferde u. dgl.; hätten wir drei, nämlich Karl, seine Frau und ich, die kostspieligeren Ausflüge nicht für uns allein, sondern in größerer Gesellschaft unternommen, so wäre ich ganz gut mit der Hälfte dieser Summe und, falls ich mich auch in Speise und Wohnung eingeschränkt hätte, mit etwa dem vierten Teile ausgekommen.

Es bedarf wohl keiner ausdrücklichen Versicherung, daß mich auf diesen Ausflügen neben der überwältigenden Schönheit der Naturscenen in erster Linie die Einrichtung der verschiedenen freiländischen Industrien und insbesondere der landwirtschaftlichen Gesellschaften interessierte, deren in unmittelbarer Nähe Edenthals nur zwei kleinere, hauptsächlich den Gemüse- und Obstbau betreibende, vorhanden sind.

Staunenswert ist, wie in allen freiländischen Gewerken, so auch in den landwirtschaftlichen, die alles umfassende Anwendung von Maschinenkraft. An der Spitze der landwirtschaftlichen Associationen steht in dieser Beziehung derzeit die Gesellschaft von Obertana, die auf 600 Quadratkilometern oder 30000 Hektaren nicht mehr als 2400 Arbeiter ständig beschäftigt hat, welche allerdings in der Saat- und Erntezeit Wochen hindurch von aus den verschiedenen Industrien der Umgebung zuwandernden 5000-10000 Arbeitern unterstützt werden. Und man glaube nicht etwa, daß die Bewirtschaftungsmethode eine oberflächliche, auf unvernünftigen Raubbau gerichtete ist. Im Gegenteil, es wird hier der Boden mit höchster Sorgfalt bestellt, weit sorgfältiger und intensiver, als — vielleicht mit Ausnahme einzelner Gegenden Chinas — in irgend einem Teile der Welt; aber die Elemente sind es eben, die, in den

Dienst des Menschen gezwungen, neunundneunzig Hundertteile all dieser Arbeit verrichten. Ein großartiges Bewässerungssystem führt dem Boden von der Saat bis zur Ernte unausgesetzt reichliche Feuchtigkeit zu, so daß Fehlernten beinahe gänzlich ausgeschlossen sind; das Ackern, Säen, Eggen und Walzen, das Schneiden, Binden, Dreschen, Reinigen und Einspeichern des Getreides besorgen von Elektrizität getriebene Maschinen; zahllose Schienenstränge durchziehen nach allen Richtungen die Felder, und zwar dient dieses Schienennetz nicht bloß zum Befördern von Lasten, sondern auch zur Fortbewegung und Handhabung der elektrischen Kraftmaschinen. So nur ist es möglich, daß hier zweimal im Jahre je $1^1/_2$ Millionen Metercentner, im Jahre also drei Millionen Metercentner Getreide und außerdem durchschnittlich eine Million Metercentner anderer Feldprodukte im Gesamtwerte von ungefähr fünf Millionen Pfund Sterling unter dem Einsatz von nicht ganz dreizehn Millionen Arbeitsstunden erzeugt werden, was für die einzelne Arbeitsstunde einem Rohertrage von acht Mark und nach Abzug der Kapitalrückzahlungen und der Abgabe an das Gemeinwesen einem Reinertrage von nahezu fünf Mark entspricht.

Wir besichtigten die Anlagen von Obertana auf der Heimreise und hatten dort ein Stelldichein mit Professor Tenax, der, gleichgültig gegen Naturschönheiten, es abgelehnt hatte, uns auf unsern Ausflügen in die Gebirge und an den großen See zu begleiten. Er war, als wir seiner ansichtig wurden, so zerstreut, daß er die üblichen Begrüßungen kaum beantwortete, und man sah es seinem Mienenspiele an, daß ihm auf seinen Kreuz- und Querzügen durch die verschiedenen Gewerke Freilands während der letzten Wochen eine ganze Reihe neuer Bedenken und Einwendungen aufgetaucht sein müsse, die an den Mann zu bringen es ihn drängte. Frau Wera, die den Professor ob seiner großen Gelehrsamkeit und harmlosen Gutmütigkeit in allen Fragen, die seine orthodoxen Prinzipien nicht berührten, rasch liebgewonnen hatte, machte sich nichtsdestoweniger bisweilen das Vergnügen, ihn dadurch, daß sie scheinbar seine Partei nahm, zu äußerster Entfaltung all seiner Spitzfindigkeit und dialektischen Kunststücke anzufeuern. Als er uns daher mit der ironisch gemeinten Frage begrüßte, ob wir vielleicht hierher gekommen seien, um unser freiländisches Bodenrecht geltend zu machen, und da wir dies nicht sofort verstanden, höhnend hinzufügte: „Hier gehört ja der ganze Boden einem jeden; ihr seid offenbar da, um mit der Verwaltung von Obertana Prozeß anzufangen, weil sie euch bisher an ihren Dividenden nicht teilnehmen ließ," — schaltete Frau Wera mit heuchlerischer Betrübnis ein, auch ihr habe es immer Kopfzerbrechen gemacht, was denn darunter zu verstehen sei: der Boden wäre frei wie die Luft, jeder könne ihn nach Gutdünken benutzen.

„Ein Unsinn ist es, sehr geschätzte Frau," entgegnete voll Eifer der Professor. „Die Luft kann man aller Welt freigeben, weil sie in unbegrenzter Menge vorhanden ist, nicht aber den Boden, von welchem doch jedenfalls weniger da ist, als der menschlichen Begehrlichkeit entspricht, und der, selbst wenn er in unbegrenzter Menge zu haben wäre, doch schon wegen der Verschiedenheit seiner Güte zu Streitigkeiten Anlaß gäbe, wenn es jedem überlassen bliebe, sich nach Laune und Lust das beste Stück auszusuchen."

„Professor," entgegnete ich, „glauben Sie wirklich, daß wir danach Verlangen tragen, Bodenbebauer zu werden? Kann ich gleichzeitig Pläne zeichnen und den Pflug lenken? Ich bleibe bei meinem Geschäfte, obwohl ich hier das zweifellose Recht besäße, an der Bodenbenutzung teilzunehmen, weil ich dabei besser meine Rechnung finde, und das ist der Fall, weil nach den Ergebnissen meiner Arbeit am Zeichenbrett größerer Begehr ist als nach denen meiner Arbeit hinter dem Pfluge. Ganz das nämliche gilt für alle jene Arbeiter Freilands, die bessere Entlohnung ihrer Arbeitskraft finden, wenn sie anderes thun, als den Boden bestellen. Und deren muß es natürlich stets eine schwere Menge geben, weil ja die menschlichen Bedürfnisse nicht auf Bodenprodukte allein gerichtet sind und also stets Bedarf nach den Erzeugnissen auch anderer Arbeit vorhanden sein wird. Die Sorge, daß alle Welt thatsächlichen Gebrauch vom Rechte der Bodenbearbeitung machen könnte, hätte also nur dann Begründung, wenn man vermutete, daß es den Leuten nicht darum zu thun ist, Dinge zu erzeugen, die Abnehmer finden, sondern daß sie allesamt eine Leidenschaft für landwirtschaftliche Arbeiten erfaßt, eine Art Landhabsucht, die nicht auf den Erfolg, sondern nur auf die Art der Arbeit sieht."

„Was *nützt* euch aber dann euere sogenannte Bodenfreiheit? Was haben Sie und Karl und was hat Frau Wera davon, daß ihr Boden bearbeiten könntet, wenn ihr wolltet, da, wie Sie mir soeben auseinandergesetzt haben, Ihr eigener Vorteil Sie dazu antreibt, von diesem Rechte keinen Gebrauch zu machen? Ist es dann nicht für die übergroße Mehrzahl der freiländischen Bevölkerung ganz das nämliche, ob der Boden ein paar Tausend Grundbesitzern oder ein paarmal Hunderttausend landwirtschaftlichen Arbeitern gehört?"

„Wenn der Boden hier jenen ‚gehören‘ würde, die ihn bearbeiten, dann hätten Sie allerdings recht. Dann könnte es den andern allen ziemlich gleichgültig sein, ob es viele oder wenige sind, welche die Erde mit Beschlag belegt haben. Aber vergessen Sie nicht daran: wir, die wir hier stehen, haben genau das nämliche Recht auf Benutzung des Bodens, wie die Arbeiter, welche dieses Benutzungsrecht thatsächlich ausüben. Den letzteren *gehört* also der Boden nicht, sie dürften uns nicht verbieten, ihn zu benutzen, wenn wir Lust dazu hätten, und die Folge davon ist, daß sie den Vorteil der Bodenbenutzung mit uns teilen müssen, d. h.

daß unsere Arbeit den nämlichen Gewinn abwerfen muß, wie die ihrige, da ja insolange, als dies nicht eingetreten wäre, die Arbeitskraft sich aus allen andern Produktionen in die Bodenwirtschaft zöge. Also: das freiländische Bodenrecht hat nicht zur Folge, daß alle Welt Bodenwirtschaft treibt, wohl aber hat es zur Folge, daß der Ertrag von Bodenwirtschaft sich mit demjenigen aller andern Produktionsarten ins Gleichgewicht setzt."

„Sie haben mir noch nicht beantwortet, welche mystischen Beweggründe den einen Teil der freiländischen Bodenbearbeiter veranlassen, mit schlechteren Grundstücken vorlieb zu nehmen, während vielleicht dicht daneben andere Leute bessere Grundstücke bearbeiten?" beharrte Professor Tenax.

„Die Kraft, die sie dazu veranlaßt, hat nichts Mystisches an sich," war Karls Entgegnung; „ihr Name ist ‚Eigennutz'. Sie selber haben uns seinerzeit gelehrt, daß der Ertrag der Arbeit auf Boden *verhältnismäßig* desto geringer wird, jemehr Arbeit man dem Boden zuwendet; zweihundert Arbeiter werden z. B. auf einer gegebenen Bodenfläche nicht zweimal soviel erzeugen, als hundert, sondern vielleicht bloß einundeinhalb Mal soviel, weil die Arbeit des zweiten Hunderts nicht mehr so notwendig ist wie die des ersten. Wenn also dem besseren Boden, und sei er noch so vielfach fetter, fruchtbarer, günstiger gelegen, verhältnismäßig zu viel Arbeitskraft zuströmte, so würde der einzelne Arbeiter von besagtem besseren Boden geringeren Ertrag seiner Arbeitskraft erzielen, als auf minder stark besetztem schlechten. Der Eigennutz des Arbeitenden verlangt aber nicht, daß er seine Kraft auf möglichst fettem Boden, sondern daß er seine Kraft mit möglichst hohem Ertrage verwerte, und es ist daher klar, daß man die Leute bloß frei wählen zu lassen braucht, damit sich ganz von selbst dasjenige einstelle, was der wirtschaftlichen Vernunft und Gerechtigkeit gleichmäßig entspricht, nämlich daß sich die

Arbeitskräfte über allen Boden, er sei nun besser oder schlechter, derart verteilen, daß auf die einzelne Arbeitskraft überall der nämliche Ertrag entfalle."

Unser hartnäckiger Widerpart konnte sich, geschmeichelt wohl durch die Berufung auf seine eigenen Lehren, eines zustimmenden Kopfnickens nicht enthalten, faßte aber, durch Frau Weras Schelmerei aufgestachelt, alsbald neuen Mut zu der triumphierenden Tones aufgeworfenen Frage, was denn geschehen würde, wenn andere Arbeiter hier, wo z. B. Kaffeepflanzungen sich dehnen, Baumwolle anbauen wollten; wer dem erstbesten Ankömmlinge verwehren könnte, die Kaffeebäume auszurotten und solcherart die Frucht jahrelanger Arbeit anderer zunichte zu machen? „Hat euere freiländische Weisheit eine Panacee auch gegen solche Ausschreitungen des ‚freiwaltenden‘ Eigennutzes?"

„Allerdings," erklärte Karl. „Vor allem möchte ich Ihnen zu bedenken geben, daß Sie über den Vorgang, der bei einem solchen Kulturwechsel eingehalten werden müßte, nicht ganz im klaren zu sein scheinen. Nicht die ersten besten neuen Ankömmlinge haben das Recht, hier nach ihrem Gutdünken zu schalten und zu walten, sondern dieses Recht steht unter allen Umständen der Majorität all jener zu, welche Lust an den Tag legen, den Boden dieser Association zu bewirtschaften. Es müßte also eine neue Majorität entstehen, damit das geschehe, was Sie befürchten. Dies jedoch nur zur Aufklärung darüber, daß es nicht die zufällige Laune des ‚Erstbesten‘ ist, welcher Erstbeste ja auch ein Narr sein könnte, wovon die Verwendung der Bodenflächen in Freiland abhängt. Von dieser letzteren Erwägung abgesehen, bliebe es sich dem Wesen nach ganz gleich, ob es viele oder wenige sind, welche eine derartige Neuerung zu beschließen haben, denn sie kann unter allen Umständen nur unter der Voraussetzung beschlossen werden, daß durch sie der Vorteil aller dabei Beteiligten Rechnung findet. Wer in die Wirtschaft dieser Association eintritt, nimmt Teil an allen ihren Lasten und Vorteilen, und wenn er also die Kaffeepflanzungen ausrottet und an deren Stelle Baumwolle baut, so kann er dies nur thun, wenn der Nutzen des Baumwollbaues so groß ist, um den durch die Zerstörung der Kaffeepflanzungen verursachten Schaden wettzumachen. In diesem Falle aber ist es ja auch der Nutzen der früher beschäftigt gewesenen Arbeitskräfte, daß ein so rationeller Kulturwechsel stattfinde. Setzen wir den Fall, daß hunderttausend Arbeitsstunden an diese der Zerstörung geweihten Kaffeepflanzungen gewendet worden waren und daß die an deren Stelle tretenden Baumwollpflanzungen gleichfalls hunderttausend Arbeitsstunden beanspruchen, so würde der Nutzen aus dieser neuen Baumwollkultur unter zweihunderttausend Arbeitsstunden verteilt werden müssen, und daraus geht hervor, daß man die Kaffeebäume nur dann durch Baumwollsträucher ersetzen wird, wenn dieselben nicht nur die an ihre eigene Anpflanzung, sondern auch die an die Anpflanzung der zerstörten Kaffeeplantagen gewendete Arbeitskraft vergüten."

„Und wenn es ein ganz anders gearteter Arbeitszweig ist, für welchen Boden beansprucht wird? Wenn z. B. hier auf dem Gebiete der Landwirtschaftsgesellschaft von Obertana Fabriken gebaut werden sollen, wer hat dann darüber zu entscheiden, ob sich das die Landwirtschaftsgesellschaft gefallen lassen muß oder nicht?" fragte Professor Tenax.

„Auch darüber entscheidet in letzter Linie der gleichlaufende Nutzen beider Teile, nämlich der landwirtschaftlichen und der Industriearbeiter," antwortete Karl. „Da es eine notwendige Folge der freiländischen Freizügigkeit ist, daß die Arbeitserträge sich überall ins Gleichgewicht setzen, so ist es ganz unmöglich, daß industrielle Arbeiter wünschen können, eine Fabrik dort zu errichten, wo durch die Inanspruchnahme früher zu anderen Zwecken bestimmt gewesenen Bodens anderen

Arbeitern ein Schaden zugefügt würde, der größer ist als der Nutzen, der diesen anderen Arbeitern durch die Errichtung einer Fabrik in ihrer Mitte erwächst. Nutzen und Vorteil jedes wirtschaftlichen Vorganges kommt hier am Arbeitsertrage zum Ausdruck, und der Arbeitsertrag gestaltet sich infolge der Freizügigkeit für alle Arbeiter gleichförmig. Es ist also nicht möglich, daß die Arbeiter einer Fabrik, die etwa hier an dieser Stelle erbaut würde, den landesüblichen Durchschnittsertrag ihrer Arbeit finden, wenn benachbarte Arbeiter in ihrem Durchschnittsertrage geschädigt werden. Man kann folglich im eigenen Interesse keine Fabrik errichten, wo dies zum Schaden der Nachbarn geschehen müßte. Thatsächlich giebt es auf dem Gebiete der Bodenwirtschaft von Obertana nicht weniger als siebzehn große industrielle Werke, die zum Teil recht bedeutende Bodenflächen für sich beanspruchen; aber Sie können sich darauf verlassen, daß alle diese Werke nur errichtet wurden, weil die Einbuße, welche sie der Landwirtschaftsgesellschaft durch Inanspruchnahme des Bodens zufügten, mehr als aufgewogen wurde durch anderweitige Vorteile. Diese anderweitigen Vorteile können sehr verschiedener Art sein; sie bestehen teils darin, daß die Bodengesellschaft vermehrte Abnehmer ihrer eigenen Erzeugnisse findet, teils darin, daß sie Nachbarn erhält, welche sie zum Ausbessern, Instandhalten oder Erneuern ihrer Maschinen braucht, hauptsächlich aber darin, daß in der Zeit der Ruhe in den landwirtschaftlichen Arbeiten die landwirtschaftliche Bevölkerung leichtere Gelegenheit zu nutzbringender Verwertung der eigenen, zeitweilig überschüssigen Arbeitskraft findet, und umgekehrt, in der Zeit der Saat und Ernte der vorübergehend stark anschwellende Bedarf an landwirtschaftlicher Arbeitskraft leichter durch Zuzug aus den umliegenden Fabriken befriedigt werden kann. Mit einem Worte, die Errichtung eines solchen Werkes mußte ein Gewinn für die Bodengesellschaft von Obertana sein, sonst konnte es dazu nicht kommen."

„Aber es muß doch jemand da sein, der darüber zu entscheiden hat, ob in einem solchen Falle Gewinn oder Verlust zu besorgen ist, und wer ist dieser Jemand?" fragte der in die Enge getriebene Professor.

„Dieser ‚Jemand' ist eine Majorität, die sich aus den beiderseitigen Interessenten, d. h. aus den landwirtschaftlichen und industriellen Arbeitern bildet. Dabei bitte ich Sie aber zu beachten, daß bei einer solchen Majoritätsbildung sich nicht die Arbeiter des alten Werkes auf der einen und die des neuen Wertes auf der andern Seite als zwei gesonderte Parteien gegenüberstehen. Das wäre nur der Fall, wenn der Vorteil der einen Hand in Hand gehen könnte mit dem Schaden der andern. Da dem nicht so ist, da Vorteil und Nachteil in beiden Lagern auf das nämliche hinauslaufen, so kann es hier niemals Interessengegensätze, sondern bloß Meinungsverschiedenheiten geben. Ein Teil der Landwirte wird die Errichtung des neuen Werkes für nützlich, ein anderer Teil für schädlich halten, und ebenso wird es Industriearbeiter geben, die dafür sind, daß man das Werk an dieser Stelle errichte, und andere, die dagegen sind; die sich solcherart bildende Majorität kann irren, aber ihre Absicht muß und wird immer sein, zu thun, was beiden Teilen gleichmäßig nützt. Und wenn Sie den eigentlichen Sinn unseres freiländischen Bodenrechtes unbefangen würdigen, so muß Ihnen von Anbeginn klar sein, daß dies gar nicht anders möglich ist. Denn da sich dank unserer Freizügigkeit der Nutzen jeglicher Art von Bodenbenutzung gleichmäßig auf alle verteilt, so kann es sich bei uns gar niemals darum handeln, zu wessen Gunsten der Boden benutzt werden soll, sondern bloß darum, welche Art der Bodenbenutzung dem Nutzen aller am besten entspricht. Der Boden gehört für alle Fälle allen. Wir sind also unter allen Umständen gleichsam in der Lage von Compagnons, die ihr Geschäft zu gemeinsamem Vorteil betreiben, und die daher in einzelnen Fällen wohl darüber in Meinungsverschiedenheit geraten mögen, welche Art der Geschäftsführung dem gemeinsamen Nutzen am besten entspreche, niemals aber darüber, ob der Nutzen dieses oder jenes Geschäftsteilhabers dem der anderen vorangehen oder hintangesetzt werden solle. Ich wiederhole, es giebt bei uns auch in den Fragen der Bodenbenutzung wohl Meinungsverschiedenheiten, aber keine Interessengegensätze."

„Am Ende behauptet ihr das nämliche auch bezüglich der Kapitalverteilung! Ist es euch Freiländern ebenso gleichgültig, wer das von euch beigesteuerte Kapital erhält? Denn das Kapital, welches euer Gemeinwesen an die unterschiedlichen Associationen verteilt, rührt ja von einer Abgabe her, zu welcher jedermann beisteuern muß, gleichviel ob er will oder nicht, gleichviel ob er Kapital braucht oder dessen überflüssig genug hat. Man wird also hier zur Sparsamkeit gezwungen, und zwar unter Umständen zu einer Sparsamkeit für fremden Nutzen. Ist auch das gerecht?"

„Das wäre sehr ungerecht," erwiderte Karl, „aber es geschieht nicht. Hier wird niemand zur Sparsamkeit gezwungen, jedermann steuert nur soviel Kapital bei, als er selbst gebraucht, und wenn er kein Kapital gebrauchen will, so braucht er auch nichts beizusteuern. Denn die Abgabe, in welcher allerdings der zur Kapitalverleihung bestimmte Anteil mit enthalten ist, wird ja nicht auf die Personen, sondern auf den Arbeitsertrag gelegt; es zahlt sie also nur derjenige, welcher arbeitet, und zwar ein jeder Arbeitende genau im Verhältnis seiner Arbeitsleistung; wer aber arbeitet, der benutzt Kapital und zwar genau im Verhältnis seiner Arbeitsleistung. Ich dürfte z. B. dreimal soviel Steuer zahlen, als der Feldarbeiter dort, jedoch nur aus dem Grunde, weil ich den dreifachen Ertrag aus meiner Arbeit ziehe und folglich dreifach so starken Vorteil von der

Kapitalbenutzung habe."

„Aber, Verblendeter!" rief Professor Tenax, „es ist doch nicht das Kapital, zu welchem Sie beisteuern, aus welchem Sie Vorteil ziehen, und nicht das Kapital, aus welchem jener Landmann Vorteil zieht, zu welchem er beisteuert; Sie zahlen vielleicht für ihn oder er für Sie. Wie ich gehört habe, seid ihr von der ‚Ersten Edenthaler Maschinen- und Transportmittel-Baugesellschaft' gerade im Begriffe, dreiviertel Millionen Pfund Sterling zu verbauen; was hat der Mann hier davon? Und doch ist es seine Steuer so gut als die Ihrige, welche dazu herhalten muß, Ihrer Gesellschaft dreiviertel Millionen Pfund zu borgen. Das ist eine Ungerechtigkeit, die sich auf die Dauer unmöglich anders als durch den gehässigsten Zwang aufrecht erhalten läßt."

„Der Landmann dort," erklärte Karl, „hat von den dreiviertel Millionen Pfund, die unsere Gesellschaft verbaut, genau so viel wie ich, d. h. wohlverstanden im Verhältnis seiner Arbeitsleistung genau so viel wie ich. Ich habe vorausgesetzt, daß jener den dritten Teil meines Arbeitseinkommens bezieht, folglich steuert er zu unseren Anlagen den dritten Teil dessen bei, was ich zahle, und es ist klar wie das Sonnenlicht, daß ebenso auch sein Gewinn aus der Anlage den dritten Teil des meinigen beträgt. Dafür, daß das geschehe, sorgt die Freizügigkeit; *sein* Nutzen kann dadurch zum Ausdruck gelangen, daß der Preis von Maschinen infolge unseres vermehrten Angebotes sinkt, oder dadurch, daß die Getreidepreise infolge der durch uns bewirkten Vermehrung der Verkehrsmittel steigen, oder dadurch, daß die Arbeitserträge sich heben, oder vielleicht auch bloß dadurch, daß unsere Anlagen ein Sinken der Arbeitserträge verhindern, welches ohne dieses eingetreten wäre. Für alle Fälle verteilt sich das schließliche Endergebnis gleichmäßig auf alle Arbeitenden Freilands, und so wahr es ist, daß in Freiland niemals Streit entstehen kann über die Frage, wem der Gewinn aus der Benutzung einer bestimmten Bodenfläche gehören solle, ebenso wahr ist es, daß auch mit Bezug auf einen gegebenen Kapitalbestandteil niemals fraglich ist, *wem*, sondern stets nur, *in welcher Verwendungsart er allen* am besten nutzbar zu machen sei. Die Kapitalien sind hier geradeso wie der Boden Gemeingut, sie gehören unter allen Umständen allen Arbeitenden, und der Mann dort benutzt daher die Gebäude und Maschinen, die wir bauen, geradeso, wie ich die Speicher und Maschinen benutze, die wir hier in Obertana vor unseren Augen sehen."

„Ich will über diesen Punkt nicht weiter mit euch streiten," murrte der Professor. „Aber das eine sagt mir noch, da ihr eine Antwort auf alles habt: mit welchem Rechte verbietet ihr hier den Leuten, Kapital, das sie allenfalls auf eigene Faust erspart haben mögen, nutzbringend anzulegen?"

„Wer verbietet denn das?" nahm nun ich das Wort. „Es findet sich hier nur niemand, der einem Kapitalbesitzer dasjenige gewähren würde, was Sie unter nutzbringender Verwendung von Kapital verstehen, nämlich Zins. Niemand wird Ihnen verwehren, so hohe Zinsen zu verlangen als Sie nur immer wollen, aber freilich wird Ihnen kein Freiländer weder hohen noch niederen Zins bewilligen, aus dem sehr einfachen Grunde, weil ihm jederzeit zinsloses Kapital von seiten des Gemeinwesens zur Verfügung steht. Um dem zu genügen, was Sie in diesem Punkte Gerechtigkeit nennen, müßte man die Leute *zwingen*, Zins zu zahlen, und das thut Freiland allerdings nicht."

„Ja thut man es denn in Europa?" rief erregt Professor Tenax. „Solch grundlose Verdächtigungen und Unterstellungen beweisen in meinen Augen nichts anderes als die Schwäche euerer Sache. Der Zins ist das Ergebnis eines durchaus freien Verhältnisses von Angebot und Nachfrage, darin Zwang zu sehen, legt von Selbstverblendung oder bösem Willen Zeugnis ab."

„Wenn dem so ist, wie unser lieber Professor sagt,"
erklärte jetzt Frau Wera, „so kann ich ihm nur recht geben.
Wenn in Europa die Arbeitenden es vorziehen, Zins für die
Benutzung von anderer Leute Kapital zu zahlen, anstatt
daß sie ihr eigenes verwenden, so halte auch ich es für
unbillig, wenn man da von Zwang spricht."

„Diese Leute, welche in Europa anderer Leute Kapital
benutzen, thun dies nicht aus Vorliebe für fremdes Kapital,"
belehrte Tenax seine hinterlistige Freundin, „sondern
deshalb, weil sie kein eigenes haben."

„Das sind also wohl leichtsinnige Verschwender und
Prasser, die alles vergeuden, was sie verdienen, oder
Faulpelze, die nichts arbeiten wollen, während die anderen,
bei denen sie dann um Kapital betteln müssen, die
Sparsamen und die Fleißigen sind?"

„So ganz richtig ist auch das nicht, schöne Frau," docierte
der Professor, der nun zu merken begann, daß ihn seine
Freundin — wie er glaubte, allerdings ganz
unschuldigerweise — da arg aufs Eis gelockt habe, der aber
doch zu ehrlich und zu verständig war, um die Frage
kurzweg zu bejahen. „Es giebt zwar unter den von Kapital
Entblößten auch Verschwender, Trunkenbolde und
Müßiggänger, gleichwie es unter den Kapitalbesitzern
sparsame und fleißige Leute giebt; aber im allgemeinen kann
man doch nicht eigentlich sagen, daß dieser Unterschied
dasjenige erkläre, worauf es hier ankommt. Ich will sogar
zugeben, daß im Durchschnitt die Reichen bei uns mehr
verzehren und weniger arbeiten als die Armen. Jedoch ....."

„Sonderbar, höchst sonderbar," rief Frau Wera mit
erstaunter Miene. „Wie kommt es dann, daß jene die Armen
und diese die Reichen sind?"

„Nun, Sie müssen wissen, die Armen haben eben nichts
als ihre Arbeitskraft, und diese allein ist unfruchtbar,
während den Reichen dasjenige gehört, was zur
Befruchtung der Arbeitskraft erforderlich ist; folglich haben

sie das Recht, von den Armen dafür, daß sie ihnen die Mittel zur Arbeit geben, Anteil vom Nutzen zu verlangen, und dieser Anteil vom Nutzen, der sich in ihren Händen aufhäuft, ist es, was sie reich macht, während jene arm bleiben müssen."

„Ja, das verstehe ich schon, Herr Professor; jene sind arm, weil sie nichts haben, und diese sind reich, weil sie viel haben — das leuchtet mir ein. Aber Sie entschuldigen schon die Begriffsstutzigkeit einer Frau, die in frühester Jugend Ihr gesegnetes Europa verlassen hat und sich in dessen Zuständen und Rechtsgrundsätzen nicht mehr ganz genau zurechtfinden kann. Das, was die Reichen den Armen gegenüber voraushaben, die Mittel zur Arbeit, das sind doch wohl Felder und Wiesen, Gebäude, Maschinen und Geräte, nicht wahr? Da hat also wohl der liebe Gott die Felder und Wiesen in Europa eigens für die Reichen erschaffen, die Häuser, Maschinen, und Werkzeuge aber haben die Reichen, weil sie die Klügeren sind, angefertigt und lassen sich nun all das von jenen Leuten bezahlen, die wegen ihrer Gottlosigkeit ausgeschlossen sind vom Besitze der Erde und die überdies dumm genug waren, bloß Nahrungsmittel, nicht aber auch Arbeitsinstrumente zu erzeugen?"

Der Professor merkte nun freilich, wo Frau Wera mit ihm hinauswolle und fing daher an, ärgerlich zu werden. „Das ist alles höchst unwissenschaftlich, was Sie da sagen, verehrte Frau," erklärte er. „Ob Gott einen Unterschied zwischen arm und reich macht oder nicht und ob die Armen es sind, welche die Arbeitsgeräte erzeugten, gerade so gut als die Nahrungsmittel thut hier nichts zur Sache; irgend jemand muß doch die Erde und die Arbeitsinstrumente besitzen, und das sind eben die Reichen."

„Professor, Professor," sagte nun Frau Wera, die scherzhafte Miene ablegend und Tenax mit ihren großen, klaren Augen voll anblickend, „Sie bewegen sich da in einem häßlichen Cirkel; die Knechtschaft erklären sie aus der Armut und die Armut aus der Knechtschaft. Wenn es richtig ist, daß die Arbeitenden den Gewinn abtreten müssen, weil ihnen die Arbeitsmittel fehlen, und wenn ihnen diese fehlen, weil sie den Gewinn abtreten müssen; dann, so sollte man meinen, versteht es sich doch von selbst, daß der Gewinn ihnen gehört, wenn sie im Besitze der Arbeitsmittel sind, und daß diese ihnen gehören, wenn sie den Gewinn für sich behalten. Oder hat der Gedanke der Freiheit und Gleichberechtigung etwas gar so Abschreckendes für Sie, daß Sie sich, aller Logik zum Hohn, gegen ihn sträuben?"

Der Professor wurde purpurrot und antwortete halb flüsternd, mit gesenkten Augen: „Sie dürfen mit einem alten Manne nicht so schwer ins Gericht gehen, wenn er sich sträubt, Überzeugungen abzulegen, die er durch ein ganzes arbeitsvolles Leben in sich aufgenommen. Soll ich mich so leicht entschließen, als unsinnig zu verwerfen, was ich ein Menschenalter hindurch Tausenden und Abertausenden von Zöglingen als Quintessenz allerhöchster Weisheit angepriesen? Auch kommt mir der Umschwung zu plötzlich, er widerstreitet meinen Vorstellungen von der Notwendigkeit organischer historischer Entwickelung aller menschlichen Dinge. Man macht doch schließlich eine neue Gesellschaftsordnung nicht wie eine neue Maschine in der Fabrik und ich kann an dieses Freiland nicht glauben, da es eine künstliche Schöpfung ist, das Werk von Menschen, die sich eigens zu dem Zwecke vereinigten, die Sache so und nicht anders einzurichten, während meine Weltanschauung mich lehrt, daß nur das organisch Gewordene vernünftig und dauerhaft sein kann."

„Auch dieses Bedenken ist nur die letzte Schanze Ihres Vorurteils," antwortete unerbittlich die junge Frau. „Daß gesellschaftliche Neugestaltungen, um vernünftig und dauerhaft zu sein, nicht künstlich gemacht, sondern organisch entwickelt sein müssen, ist allerdings richtig; aber welcher Organe soll sich denn der Genius der Menschheit bedienen, wenn er eine dem Untergang verfallene, überlebte Gesellschaftsform in eine neue, lebensfähige hinüberführen will, wenn nicht der Menschen? Verstehen Sie unter natürlichem Werdeprozeß in der menschlichen Entwickelungsgeschichte nur solche Gestaltungen, die sich ohne Zuthun der Menschen ins Werk setzten? Soll wirklich nur die Dummheit, die träge Gedankenlosigkeit, die geduldig das Heute trägt, weil es dem Gestern gleicht, soll *sie* die einzig berechtigte Kraft in der menschlichen Geschichte sein? Ich verstehe den Satz von der Notwendigkeit organischer Entwickelung gesellschaftlicher Neubildungen, dahin, daß die Neubildungen das natürliche und vernünftige Ergebnis geänderter Existenzbedingungen der Menschheit sein müssen. Aber dieses Ergebnis muß trotz alledem und alledem durch Menschen herbeigeführt werden; es wächst nicht gleich den Bäumen des Waldes oder den Blumen der Wiese, so wenig, als die Gestaltungen euerer bürgerlichen Weltordnung ohne das Zuthun von Menschen zu stande kamen und sich in Kraft erhalten. Oder sehen Sie etwa als notwendiges Erfordernis gedeihlicher gesellschaftlicher Neubildung an, daß sie mit Blut begossen, durch den Donner der Kanonen eingeläutet werde? Widersetzt euch nur fernerhin demjenigen, was zu thun unbefangenes Nachdenken und gesunder Menschenverstand von euch fordern, und ihr werdet bei euch da draußen der Feuer- und Bluttaufe wahrlich nicht entgehen. Wir aber halten unsere Schöpfung deshalb für nicht minder lebensfähig, weil sie auf friedlichem Wege zu stande gekommen, und wenn wir, um dies zu ermöglichen, Gebiete aufsuchten, wo Unverstand und böser Wille uns nicht hindernd in den Weg treten konnten, so haben wir auch damit nur gethan, was thatkräftige, entschlossene

148

Menschen in ähnlichen Verhältnissen alle Jahrtausende hindurch thaten und wofür als letztes großartigstes Beispiel die Gründung der Vereinigten Staaten von Nordamerika in der Geschichte verzeichnet steht."

Professor Tenax hatte den letzten Teil dieser sich über sein Haupt ergießenden Strafrede schweigend, in tiefe Gedanken versunken, angehört. Nach einer Weile reichte er uns allen die Hand, nahm darauf Frau Weras Arm unter den seinen, und wir schlugen den Weg nach dem Bahnhofe von Obertana ein, um den nach Edenthal gehenden Zug zu besteigen.

Zwölftes Kapitel.
Eine Gründung in Freiland.

Wer vom freiländischen Gemeinwesen Land und Kapital zur Inswerksetzung eines Unternehmens haben will, der muß, er mag nun allein sein oder Genossen seines Planes bereits gefunden haben, der Centralbank all seine Wünsche und Absichten bekannt geben; diese veröffentlicht die ihr gewordene Mitteilung und ruft daraufhin eine Generalversammlung ein, an welcher jedermann teilnehmen kann, der sich für das Unternehmen irgendwie interessiert. Es war nun letzthin in den Blättern die Ankündigung zu lesen, daß ein kürzlich aus Amerika eingewanderter Ingenieur mit einer Anzahl Genossen, die sich ihm teils schon in Amerika teils in Freiland angeschlossen, zur Gründung einer Luftschiffahrtgesellschaft 600000 Pfund Sterling verlangte. Seine Ideen waren von verschiedenen wissenschaftlichen Gesellschaften Europas und Amerikas für undurchführbar erklärt worden und auch die freiländische Verwaltungsbehörde für gemeinnützige Unternehmungen mitsamt dem dazu gehörigen Vertretungskörper, denen er sein Projekt vorgelegt, hatten sich ablehnend verhalten. Er beschritt daher den Weg der Selbsthilfe, veröffentlichte eine umständliche Beschreibung seiner Erfindung und forderte diejenigen, die gleich ihm an die Möglichkeit einer praktischen Verwirklichung des Gedankens glaubten, auf, sich ihm anzuschließen.

Mich interessierte die Sache sowohl um ihrer selbst willen als auch weil ich bei diesem Anlasse sehen wollte, wie sich die freiländischen Einrichtungen einem so gewagten

Unternehmen gegenüber bewähren würden, und ich beschloß daher an der Generalversammlung teilzunehmen.

Die Idee des Erfinders war sinnreich, aber sie leuchtete mir nicht in allen Einzelheiten ein, und angesichts der Höhe des zu dem Experimente geforderten Betrages fand ich es ganz begreiflich, daß unsere Behörden die Verantwortung scheuten, eine solche Summe aus den Mitteln des Gemeinwesens zu bewilligen. Dagegen fand ich es nicht mehr als billig, daß dem Manne Gelegenheit geboten werde, mit Hilfe der öffentlichen Meinung seinen Gedanken zu erproben, und ich war entschlossen, mich selbst an dem Versuche zu beteiligen.

Bei der Generalversammlung fanden sich nahe an zweitausend Personen ein, die alle durch ihr bloßes Erscheinen Stimmrecht in derselben besaßen. Während aber bei allen andern Arten von Generalversammlungen keinerlei Unterschied zwischen den Teilnehmern gemacht wird, ist es bei den Gründerversammlungen Grundsatz, daß diejenigen, welche die Gefahr der Gründung auf sich nehmen wollen, dies ausdrücklich erklären; ihre Stimme hat deshalb nicht größeres Gewicht als die der andern Mitglieder der Generalversammlung, diese Bestimmung aber ist nötig, damit das Gemeinwesen sowohl als die sich für den Gegenstand interessierende und durch die andern Mitglieder der Generalversammlung vertretene öffentliche Meinung sich ein Urteil darüber bilde, welche Deckung das Gemeinwesen für die geforderten Kredite unter allen Umständen finden werde, falls das Unternehmen zu Grunde gehen sollte, noch bevor es zu arbeiten begonnen oder genügend zahlreiche Genossen seiner Arbeit gefunden, um den Schaden der Auflösung decken zu können. Denn im Sinne des § 6 der freiländischen Gesellschaftsstatuten wird bekanntlich der Schaden unter die Mitglieder jeder Association nach Maßgabe des auf ein jedes entfallenden Gewinnes verteilt. Wenn nun ein Unternehmen zu Grunde geht, bevor es überhaupt Gewinne zur Verteilung gebracht hat, oder wenn diese Gewinnverteilung unter einer so geringen Anzahl von Personen stattgefunden haben sollte, daß die vom Schaden Betroffenen außer stande wären, Ersatz zu leisten, so hätte das Gemeinwesen das Nachsehen, das Unternehmen wäre thatsächlich nicht auf Kosten der Unternehmer, sondern auf Kosten der Gesamtheit ins Werk gesetzt. Eine solche Vorsorge ist umso notwendiger, als es Grundsatz der freiländischen Kreditgebarung ist, daß niemand wegen welcher Kapitalverluste immer zu einer höheren jährlichen Abzahlung an das Gemeinwesen verpflichtet werden könne, als dem Werte einer „Jahresstunde" entspricht. Das heißt mit anderen Worten: es darf niemand wegen Verschuldung an das Gemeinwesen eine Last aufgebürdet werden, welche dem Werte nach die tägliche Mehrarbeit einer Stunde übersteigt. Da nun der durchschnittliche Stundenwert derzeit fünf Mark beträgt und auf das Jahr zweihundertundfünfzig Arbeitstage gerechnet werden — es kommen nämlich von den dreihundertfünfundsechzig Tagen des Jahres die zwei Ferienmonate und die Feiertage in Abzug — so stellt sich das Maximum der Abschlagszahlungen, zu denen ein Freiländer wegen Verlustes von ihm beanspruchter Kapitalien angehalten werden kann, derzeit auf zwölfhundertundfünfzig Mark im Jahre.

Bei Neugründungen ist es also notwendig, daß sich eine dem geforderten Kapitale entsprechende Menge von Teilnehmern finde, die von vornherein erklären, daß sie ohne Rücksicht darauf, ob ein späterhin entstehender Verlust durch die Gewinnanteile der Beteiligten Deckung fände oder nicht, dem Gemeinwesen für die Abtragung der geforderten Summe haften — welche Haftpflicht natürlich erlischt, sowie die Verteilung des Verlustes im Sinne des Absatzes 6 des freiländischen Gesellschaftsstatuts möglich wird, ohne irgend einen der Betroffenen mit mehr als dem

Werte einer Jahresstunde zu belasten.

Da es sich im vorliegenden Falle um zwölf Millionen Mark handelte, die nach der Beschaffenheit der geplanten Anlagen in zwanzig Jahren amortisiert werden sollten, so hätten sich 240 gründende Mitglieder melden müssen, damit die geforderte Summe von vornherein Deckung finde. Das war nun thatsächlich nicht der Fall; es meldeten sich nur 85 Personen, die so viel Vertrauen in die Durchführbarkeit des Planes oder so viel Enthusiasmus für die ihm zu Grunde liegende Idee besaßen, um sich der Gefahr auszusetzen, zwanzig Jahre hindurch mit einer 1250 Mark erreichenden Ersatzpflicht belastet zu werden. Auch hatte das Unternehmen in der Versammlung zahlreiche energische Gegner, die haarscharf bewiesen, daß der ganze Plan theoretisch und praktisch unsinnig sei und daß es thörichte Vergeudung der öffentlichen Mittel wäre, sie an die Verwirklichung eines derartigen Hirngespinstes zu setzen. Wenn sich — erklärten diese Gegner — 240 Thoren gefunden hätten, um ihre eigenen Kräfte für die Sache einzusetzen, so müßte man sie zwar bedauern, könnte aber nichts dagegen vorkehren, da es natürlich jedermanns Recht sei, mit seinen eigenen Mitteln anzufangen, was ihm beliebt; da dies jedoch glücklicherweise nicht geschehen, so möge der Erfinder das Publikum fernerhin mit seinen Chimären nicht in Versuchung führen. Ich konnte dieser Beweisführung, trotzdem sehr tüchtige Fachmänner sie vertraten, nicht in allen Stücken beipflichten. Wie bereits zugegeben, bezweifelte ich einigermaßen die Richtigkeit aller Voraussetzungen des Erfinders, aber zwingende Beweiskraft vermochte ich auch den Argumenten der Gegner nicht zuzuerkennen, und ich erinnerte mich daran, daß es Fachmänner waren, die Galilei zum Widerruf gezwungen und den Erfinder des Dampfschiffes, Foulton, für einen Narren erklärt hatten. Ich war der Ansicht, daß die Großartigkeit der Idee in einem so reichen Gemeinwesen, wie es Freiland ist, eines Versuches wohl wert sei und fühlte mich in dieser Ansicht umsomehr bestärkt, als ich sah, daß unter den fünfundachtzig Genossen des Erfinders sich einige Männer befanden, deren Urteil in Sachen der Flugtechnik mir denn doch zum mindesten beachtenswert erschien. Ich trat also nicht bloß den Gründern bei, sondern schloß mich, als es zur Abstimmung kam, denjenigen an, die trotz der mangelnden Kapitaldeckung doch dafür waren, daß die geplante Gesellschaft den geforderten Kredit erhalte; es war die Majorität, die sich in diesem Sinne aussprach.

Die Folge eines solchen Beschlusses ist nach freiländischem Rechte, daß die Sache zunächst vor die Verwaltungsbehörde und den Vertretungskörper für gemeinnützige Angelegenheiten kommt, d. h. wohlverstanden nur, wenn es sich, wie im vorliegenden Falle, um eine Gründung handelt, deren Kapitalbedarf nicht volle Deckung gefunden hat. Andernfalls wäre die Sache mit dem Beschlusse der Generalversammlung erledigt gewesen, die Verpflichtung der Centralbank zur Gewährung der erforderlichen Kredite unmittelbar in Kraft getreten. So aber, wie die Dinge hier lagen, mußten die gewählten Vertreter des Gemeinwesens sich über den von der Generalversammlung gefaßten Beschluß aussprechen. Stimmen sie ihm zu, so ist die Gründung vollzogen; lehnen sie ihn ab, so haben die Gründer das Recht, eine neuerliche Generalversammlung zu fordern, in welcher dann die öffentliche Meinung endgültig ihr Urteil abgiebt. Im vorliegenden Falle geschah das letztere. Der Vertretungskörper für gemeinnützige Angelegenheiten sprach sich infolge des ihm von der Verwaltungsbehörde unterbreiteten Gutachtens gegen die Gewährung des geforderten Kredites aus und es kam thatsächlich zu einer neuen Generalversammlung. Inzwischen hatte sich die Zahl der haftenden Genossen des Erfinders auf 152 erhöht und die von nahezu 8000 Personen beschickte Generalversammlung bestätigte mit überwältigender Mehrheit den Beschluß ihrer Vorgängerin. Es war offenbar, das freiländische Volk wollte etwas daran wagen, um eine so großartige Erfindung zu erproben, und ich will hier nur nebenbei erwähnen, daß der Erfolg der Volksstimme nachträglich Recht gab. Der Gedanke des Erfinders bewährte sich zwar nicht vollkommen in der von ihm vorausgesehenen Weise, sein Unternehmen mißlang, aber die bei den angestellten Versuchen gemachten Erfahrungen waren so wichtiger und so einschneidender Art, daß der nämliche Vertretungskörper, der wenige Monate zuvor den Versuch hindern wollte, einstimmig einen Antrag annahm, der darauf hinauslief, den Gründern das ganze Unternehmen verlustlos abzulösen und die begonnenen Experimente auf Kosten des Gemeinwesens fortzuführen; der von der Majorität seiner Fachkollegen noch kürzlich als unzurechnungsfähiger Querkopf behandelte Erfinder wurde von diesen nämlichen Fachkollegen zum obersten Leiter dieser wichtigen Versuchsanstalt ernannt.

Unser Freund Tenax, der sich mehr und mehr als Freiländer zu fühlen begann und auch nach Möglichkeit an allen öffentlichen Angelegenheiten teilnahm, dabei aber sein Räsonnieren den sämtlichen freiländischen Einrichtungen gegenüber noch nicht lassen konnte, war bei den zwei Generalversammlungen mit dabei gewesen, hatte in der ersten eifrig gegen den Erfinder gesprochen und gestimmt, in der zweiten dagegen sein Votum für ihn abgegeben. Als ich mich damals nach den Beweggründen seiner Handlungsweise bei ihm erkundigte, meinte er, er habe den Mann ursprünglich für einen Gauner gehalten, der bloß darauf ausginge, der freiländischen Centralbank 600000 Pfund Sterling zu entlocken und sich dann aus dem Staube zu machen. „Denn das" — so rief er triumphierend — „ist einer der wunden Punkte Eueres Kreditsystems. Ihr habt an alles gedacht, nur daran nicht, daß es auch Spitzbuben in der Welt giebt, und da wollte ich denn nach Möglichkeit vorbeugen."

„Seien Sie ruhig, Professor," tröstete ich den alten Herrn, „Spitzbuben vermögen unserer Bank nichts anzuhaben."

„Oho!" rief Professor Tenax, „bekommt hier nicht jedermann Geld, soviel er will und zu welchem Zwecke immer, ohne das Euere Centralbank auch nur das Recht hat, bei der Verwendung des Geldes dem Schuldner auf die Finger zu sehen?"

„Vor allem, verehrter Freund, bekommt jedermann, wie Sie soeben zu sehen Gelegenheit hatten, für eigene Rechnung unbedingt nur soviel, als er vernünftigerweise abzuzahlen in der Lage ist; fordert er mehr, so hat unsere Centralbehörde bereits das Recht, sich seine Zwecke etwas näher anzusehen, und der Betreffende müßte es besonders schlau anstellen, wenn er diese Behörde mitsamt der öffentlichen Meinung so gründlich hinters Licht zu führen vermöchte. Will jemand eine größere Summe haben, so muß er sich Genossen suchen und es hat außerdem für alle Fälle jedermann das Recht, sich ihm sowohl als seinen Genossen jederzeit anzuschließen. Diese Genossen überwachen ihn, nehmen Einblick in alle seine Schritte, setzen ihm Kollegen in der Leitung an die Seite, was an sich schon genügt, um verbrecherische Pläne eines einzelnen zu durchkreuzen. Aber setzen wir selbst den Fall, daß jemand ein ganzes Konsortium von Gaunern auf die Beine bringt. Nehmen wir beispielsweise an, daß alle die hundertzweiundfünfzig, die sich dem Erfinder da angeschlossen haben, geriebene, abgefeimte Schurken wären; was nützt das den Leuten? Sie haben jetzt einen Kredit von 600000 Pfund, aber zu welchem Zwecke und in welcher Weise? Glauben Sie, daß die Centralbank den Herren 600000 Pfund Sterling auf den Tisch zählt? Die Centralbank wird den Baugesellschaften, welche die Fabriksanlagen der neuen Luftschiffahrtsgesellschaft errichten, den

156

Maschinenwerkstätten, die ihr die Einrichtungen liefern, Zahlung leisten; wo ist da Raum für Betrug? Ich gebe Ihnen zu, daß die Leute vielleicht Maschinen im Auslande bestellen und bei dieser Gelegenheit durch betrügerische Machenschaften mit betrügerischen Fabrikanten irgend etwas auf die Seite bringen könnten; im großen Stile dürften sie das schwerlich betreiben, ohne den öffentlichen Verdacht auf sich zu lenken, womit dann natürlich — immer ohne die geringste Einmischung der Centralverwaltung — ihr Spiel rasch ein Ende hätte. Doch sehen wir selbst davon ganz ab, nehmen wir an, die Herren stellten es so schlau an, daß niemand ihnen hinter ihre Schliche käme, trotzdem sie einen recht namhaften Teil des ihnen eröffneten Kredits unterschlagen hätten — *wem* unterschlagen sie das? Doch nur sich selbst; mehr, als wofür sie haften, wird ihnen zu stehlen gewiß nicht gelingen. Oder meinen Sie vielleicht, daß die Gauner, wenn sie einen Fischzug gemacht haben, das Weite suchen könnten, in welchem Falle dann das Gemeinwesen trotz der Haftpflicht der Unternehmer das leere Nachsehen hätte? Halten Sie es für möglich, daß es zurechnungsfähige Menschen giebt, die, um eines solchen Gewinnes willen Freiland den Rücken kehren und sich der bürgerlichen Welt überantworten? Die Sache löst sich in ein ganz einfaches Rechenexempel auf. Was können die Leute hier stehlen? Äußerstenfalls den Wert *einer* Stunde; und dafür sollten sie auf die fünf, sechs andern Stunden ihres Arbeitswertes verzichten? Denn sowie sie Freiland den Rücken kehren, haben sie diesen Wert selbst vernichtet oder doch zum mindesten auf jenes Ausmaß des Elends herabgedrückt, wie es in der bürgerlichen Welt der Anteil des Arbeitenden ist. Menschen, die dessen fähig wären, könnten keine Schlauköpfe, sondern nur Tölpel sein, die nicht einmal über das Einmaleins hinaus sind, und solche sind — als Betrüger zum mindesten — nicht gefährlich. Aber ich bestreite, daß selbst der ärgste Tölpel, sofern nur ein Rest von Menschentum in ihm steckt, um welchen Preis immer dazu zu haben wäre, die freie Atmosphäre dieses Landes mit der Kerkerluft der bürgerlichen Welt zu vertauschen."

„Nun ereifern Sie sich nur nicht wieder," begütigte mich Professor Tenax. „Wenn es Ihnen Vergnügen macht, gebe ich zu, daß meine Besorgnisse nach dieser Richtung überflüssig gewesen. Betrüger sind die Herren von der Luftschiffahrtgesellschaft nicht, dafür aber sind es herzlich unpraktische Leute. Sehen Sie, ich bin doch ein Kathedermensch und habe mit Geschäften eigentlich niemals etwas zu thun gehabt; aber eine solche Gefahr einzugehen, wie das die hundertundzweifünfzig thun, und dabei nicht den geringsten Vorteil für sich auszubedingen, aller Welt das Recht offen halten, am Gewinne, den ich unter Einsatz meiner Mittel ermöglicht habe auf gleichem Fuße teilzunehmen, das wäre doch nicht nach meinem Geschmack. Nebenbei will ich auch bemerken, daß es in meinen Augen gerade kein Zeugnis für die hier herrschende Gerechtigkeitsliebe ist, daß man eine solche Verteilung von Gefahr und Gewinn als etwas Selbstverständliches betrachtet."

„Ich kann Sie auch in diesem Punkte beruhigen," entgegnete ich. „Haben Sie nicht bemerkt, daß jener Absatz des Gesellschaftsstatuts, in welchem vom Alterszuschlage der Genossen die Rede zu sein pflegt, in dem soeben zur Annahme gelangten Statut der Luftschiffahrtsgesellschaft offen gelassen wurde?"

„Allerdings, und das ist es gerade, was ich so überaus thöricht finde; die Leute verzichten selbst auf jenen geringfügigen Zuschlag, den überall die älteren Teilnehmer einer Gesellschaft genießen, während ich in der Ordnung finden würde, daß hier, wo mit der Gründung so große Gefahr verknüpft ist, der Vorzug der ersten Teilnehmer größer sei als sonst der Alterszuschlag."

„Das finden wir hundertzweiundfünfzig ersten Teilnehmer der Luftschiffahrtgesellschaft auch und gerade deshalb haben wir diesen Punkt einstweilen offen gelassen; wir wissen noch nicht, was wir fordern sollen, und haben es daher für das Beste gehalten, darüber einstweilen zu schweigen. Gelingt das Unternehmen, läßt sich über Bedeutung und Tragweite eines in die Statuten aufgenommenen Zuschlagrechtes ein Urteil bilden, dann werden wir Gründer mit unseren Forderungen hervortreten."

„Und das nennen Sie praktisch, das nennen Sie vernünftig? Diese heutige Generalversammlung, bei welcher außer den Gründern niemand zugegen war, der sich am Unternehmen thätig beteiligen würde, wäre geneigt gewesen, jeden beliebigen Alterszuschlag zu votieren; nach Jahresfrist, wenn das Unternehmen dann gelungen sein sollte, wenn es sich herausstellt, daß hier Tausende von Arbeitern lohnende Beschäftigung finden, dann mit diesen Arbeitern, die auf ihre Kosten euch ersten hundertzweiundfünfzig etwas bewilligen sollen, über das Ausmaß dieser Bewilligung verhandeln, ist doch jedenfalls sehr unklug."

„Diese Frage hat auch mir einen Moment lang zu denken gegeben, aber die Antwort liegt ziemlich nahe. Uns Gründern hätte es auf der einen Seite nichts genützt, wenn uns diese erste gründende Versammlung welchen Zuschlag immer bewilligt hätte, weil jede folgende ihn widerrufen kann; und wir brauchen auf der andern Seite nicht zu fürchten, daß spätere Generalversammlungen, in denen die Genossen den Ausschlag geben, uns in dem, was die öffentliche Meinung dazumal für billig halten wird, verkürzen werden, weil die Freizügigkeit uns in solchem Falle Hilfe schüfe. So gut sich hier bei dieser ersten Gelegenheit Tausende eingefunden haben, um eine Gesellschaft, welche sie interessiert, begründen zu helfen, ebenso würden späterhin sicherlich Tausende sich bereit finden, helfend in eine Generalversammlung einzutreten, wo man billige Ansprüche von Personen mißachten wollte, die unter dem Einsatz ihrer Mittel die Verwirklichung einer gemeinnützigen Idee ermöglicht haben. Nehmen Sie an, daß die zukünftigen Flugmaschinen zwar im Prinzipe gelungen, aber doch so geartet sind, daß sie praktisch nicht sehr große Verwendung finden können, so wird der Absatz des Unternehmens ein geringfügiger bleiben und selbst ein verhältnismäßig hoher Zuschlag nicht viel tragen; stellen Sie sich umgekehrt vor, daß Zehntausende von Arbeitern notwendig werden, um dem Bedarfe nicht nur von Freiland, sondern der ganzen Welt nach diesem zukünftigen Flugapparate zu genügen, dann hätte auch ein geringfügiger Gründerzuschlag enormen Wert. Setzen wir nun den Fall, daß man, auf einen mäßigen Absatz rechnend, einen zehnprozentigen Gründerzuschlag durch — sagen wir — zwanzig Jahre heute für billig halten würde und es stellte sich dann heraus, daß dieser zehnprozentige Zuschlag, statt wenige Tausende Mark im Jahre zu tragen, Hunderttausende von Mark jährlich erreicht, glauben Sie dann, daß es billig wäre, diese hundertzweiundfünfzig

Personen dafür, daß sie schlimmsten Falls 1250 Mark im Jahre aufs Spiel setzten, mit je 100000 Mark jährlich zu belohnen? — Ebenso unbillig, als es umgekehrt wäre, wenn man unter der Voraussetzung, daß der Absatz sehr groß sein werde, einen sehr mäßigen Gründerzuschlag festgestellt hätte und sich dann herausstellte, daß dieser Zuschlag in Wahrheit ein Bettel sei, der nach unten zu außer Verhältnis steht mit der übernommenen Gefahr. Wir Gründer thun also ganz wohl daran, uns auf die öffentliche Meinung zu verlassen; wir werden unter allen Umständen erhalten, was diese als billig erachtet."

Dreizehntes Kapitel.
Die Verfassung von Freiland; die freiländische Steuer.

Im Monat September finden hier die Wahlen für die verschiedenen Vertretungskörper statt. Die freiländische Verwaltung ist nämlich in der Weise eingerichtet, daß jeder Zweig des öffentlichen Dienstes für das ganze Land in je *einer* obersten Centralstelle zusammengefaßt ist, die verschiedenartigen Verwaltungszweige dagegen durchaus unabhängig voneinander arbeiten und auch deren Überwachung nicht durch einen einheitlichen, sondern durch gesonderte Vertretungskörper vor sich geht. Es giebt zwölf solcher unabhängiger Verwaltungszweige, nämlich:

1. Präsidium.
2. Versorgungswesen.
3. Unterricht.
4. Kunst und Wissenschaft.
5. Statistik.
6. Straßenbau und Verkehrswesen.
7. Post und Telegraph.
8. Auswärtige Angelegenheiten.
9. Lagerhaus.
10. Centralbank.
11. Gemeinnützige Unternehmungen.
12. Gesundheitspflege und Justiz.

Dementsprechend bestehen zwölf oberste

162

Verwaltungsbehörden, mit je einem Vorstande an der Spitze, und zwölf Vertretungskörper, aus deren Mitte die Verwaltungsvorstände gewählt werden, die dann ihrerseits ihre Unterbeamten ernennen.

Jeder volljährige Freiländer — Mann oder Weib — hat das Wahlrecht für sämtliche Vertretungskörper; nur üben die wenigsten dieses ihnen zustehende Recht für alle zwölf Vertretungen aus, vielmehr giebt jedermann seine Stimme nur in jenen Wahlkörpern ab, für deren Angelegenheiten er sich interessiert und Verständnis zu besitzen glaubt. Die Frauen z. B. kümmern sich zumeist um die Wahlen für die Lagerhausverwaltung oder für die Centralbank nicht, stimmen auch für Straßenbau und Verkehrswesen, Post und Telegraph nur in geringer Zahl, während z. B. bei Wahlen für das Unterrichtswesen ihre Stimmen in der Regel den Ausschlag geben. Man geht hier nämlich von dem Grundsatze aus, daß es zwar jedermanns Pflicht sei, sich um die öffentlichen Angelegenheiten zu kümmern, aber eben nur um diejenigen, für welche man Interesse und Verständnis besitzt; es gilt für unehrenhaft, sich dem öffentlichen Leben fernzuhalten, aber für ebenso unehrenhaft, sich in Angelegenheiten zu mengen, von denen man nichts versteht. Die Folge davon ist, daß alle öffentlichen Angelegenheiten in den Händen Sachverständiger ruhen und daß beinahe überall diejenigen den Ausschlag geben, die bei den Entscheidungen, um die es sich jeweilig handelt, zunächst interessiert sind.

Das wäre in den Staaten der bürgerlichen Welt ein ungeheueres Unglück. Denn da dort jedermann bestrebt ist und bestrebt sein muß, seinen Vorteil auf Kosten anderer zu suchen, so hätte eine derartige Machtverteilung zu bedeuten, daß das Publikum wehrlos den Ausbeutungsgelüsten derjenigen überantwortet wäre, die irgendwie in der Lage sind, sich auf seine Kosten zu bereichern. Man stelle sich einmal ein europäisches Land vor, in welchem die Fabrikanten über Fabrikation, die Landwirte über Landwirtschaft, die Bankleute über Bankwesen Gesetze zu machen und deren Ausübung zu überwachen die Macht besäßen, ohne daß sie den Widerstand der nicht direkt Beteiligten zu fürchten brauchten! Hier in Freiland sind ähnliche Ausbeutungsgelüste ganz undenkbar. Was würde es z. B. freiländischen Fabriks- oder Landwirtschaftsgesellschaften nützen, ihre Erzeugnisse durch Schutzzölle zu verteuern? Sie hätten damit den anderen das Produzieren erschwert, die Arbeit von den von Natur aus ertragreichsten auf minder ertragreiche Arbeitszweige gelenkt, ohne die Sondervorteile aus den geschützten Produktionen für sich behalten zu können. Da hier jedermanns Nutzen mit dem aller Welt notwendigerweise in Übereinstimmung bleiben muß, so kann man in allen Stücken die Wahrung des allgemeinen Nutzens denjenigen überlassen, die sich auf ihren Nutzen aus einer gerade in Frage stehenden Angelegenheit am besten verstehen, und das sind natürlich allemal diejenigen, welche bei der fraglichen Sache am unmittelbarsten interessiert sind. Setzen wir z. B. den Fall, daß es sich in Europa um den Bau einer neuen Eisenbahn handle; wäre es dort möglich, diesen Bau von der Meinung derjenigen abhängig zu machen, deren Ländereien und Gewerke von der neuen Linie berührt werden sollen? Sie würden für den Bau stimmen, auch wenn die Vorteile desselben für die Gesamtheit in gar keinem Verhältnisse zu den Lasten stünden, sofern nur die für sie selbst aus diesem Bau erwachsende Last durch den für sie selbst daraus erwachsenden Vorteil übertroffen wird. In Freiland dagegen können auch die unmittelbar Beteiligten nicht wünschen, daß eine Bahn gebaut werde, die der Gesamtheit weniger nützt als sie kostet, weil sich hier Nutzen wie Kosten unter allen Umständen gleichmäßig auf alle Mitglieder des Gemeinwesens, auf ein jedes nach Maßgabe seiner

Arbeitsleistung, verteilen, und der einzige Unterschied zwischen den zunächst Beteiligten und allen anderen Bewohnern von Freiland besteht in diesem Punkte bloß darin, daß die ersteren am besten in der Lage sind, den Nutzen der in Frage stehenden Anlage richtig zu beurteilen und abzuwägen.

Daraus geht aber des ferneren hervor, daß es sich hierzulande bei allen Wahlen niemals darum handeln kann, einer bestimmten politischen Richtung zum Siege zu verhelfen, sondern immer nur darum, sachverständige Männer zu wählen. Es kann daher wohl Meinungsverschiedenheiten über die Eignung verschiedener Bewerber um eine zu vergebende Stelle, niemals aber Interessengegensätze und Parteikämpfe geben. Auch in Freiland geschieht es, daß der eine für nützlich hält, was der andere für schädlich erachtet, aber es ist immer der nämliche Nutzen beider, über welchen diese Meinungsverschiedenheiten entstehen mögen und beide Teile müssen daher stets in dem Wunsche übereinstimmen, die Entscheidung den Klügsten, Bestunterrichteten, Sachverständigsten in die Hände zu geben.

Die Ausübung des freiländischen Wahlrechtes ist nicht an den Nachweis eines längeren Aufenthaltes im Lande geknüpft; ich war schon Wähler, obgleich ich noch nicht ganz vier Monate in Freiland weilte. Aber da mir als Neuling die Kandidaten für die anderen Vertretungskörper noch fremd waren, so beschränkte ich mich darauf, meine Stimme für die mir bekannten Bewerber um die Mandate für Straßenbau und Verkehrswesen und für gemeinnützige Unternehmungen abzugeben. Nebenbei will ich noch bemerken, daß der erstere Vertretungskörper 120, der letztere 146 Abgeordnete zählt, wie denn überhaupt die zwölf Vertretungskörper sehr verschieden an Zahl sind. Sie halten alle gesondert ihre Beratungen und zwar meist in verschiedenen Sitzungsperioden. Die zwölf

Verwaltungschefs beraten die wichtigeren Angelegenheiten gemeinsam, vertreten sie aber gesondert vor ihren Parlamenten; doch haben auch diese das Recht, gemeinsame Beratungen zu fordern, was allemal dann geschieht, wenn sich der eine Vertretungskörper für Angelegenheiten interessiert, die vor einem andern zur Beratung stehen. Da der bloße Wunsch welches Vertretungskörpers immer nach solch gemeinsamer Behandlung, die fragliche Angelegenheit der übereinstimmenden Entscheidung beider oder, wenn es zufällig mehrere Vertretungskörper sein sollten, die mit bezug auf die nämliche Angelegenheit einen solchen Wunsch äußern, aller sich für denselben Interessierenden unterwirft, so sind Kompetenzstreitigkeiten zwischen den *Vertretungs*körpern gänzlich ausgeschlossen. Allenfalls auftauchende Kompetenzfragen der *Verwaltungs*körper entscheidet das Präsidium.

Bei der Einteilung der freiländischen Verwaltungszweige wird dem Ausländer zunächst auffallen, daß jene zwei Aufgaben der öffentlichen Verwaltung, die in den europäischen Ländern die größte Kraft und die größte Aufmerksamkeit des Staates für sich beanspruchen, nämlich Finanz- und Militärwesen, gar nicht vertreten erscheinen.

Was nun zunächst das fehlende „Finanzministerium" anlangt, so vertritt dessen Stelle in Freiland höchst wirksam die Centralbank. Sie ist es, die alle Einnahmen aller Bewohner des ganzen Landes noch vor diesen selbst in Händen hat; es bedarf daher keiner Steuereinnehmer, um die Abgaben einzutreiben; es genügt zu diesem Behufe, daß die Centralbank sie den Abgabepflichtigen zu Lasten und dem Gemeinwesen zu gunsten schreibe.

Auch das Fehlen eines „Kriegsministeriums" darf nicht dahin ausgelegt werden, als ob es Freiland an allen militärischen Vorkehrungen zur Wahrung seiner Sicherheit nach außen fehle. Die Freiländer haben eine Armee und zwar, wie ich glaube, heute schon, trotzdem die

Bevölkerungszahl zweiundeinhalb Millionen Seelen noch nicht überschritten hat, eine geradezu formidable Armee, die jeden, auch den mächtigsten Feind, der es wagen würde, Freiland anzugreifen, mit Leichtigkeit zerschmettern könnte. Nur ist es nicht eine Kriegsverwaltung, sondern — dem Ausländer mag das seltsam erscheinen — die Unterrichtsverwaltung, welche mit dieser Armee zu thun hat. Ähnlich wie bei den alten Griechen nimmt nämlich in der Jugenderziehung die Ausbildung jeglicher Art körperlicher Tüchtigkeit und darunter denn auch der Tüchtigkeit in der Handhabung von Waffen eine hervorragende Stelle ein. Von der Mittelschule angefangen werden in eigens dazu eingerichteten großartigen Anstalten die Knaben und Jünglinge Freilands täglich durch mindestens zwei Stunden im Turnen, Schwimmen, Reiten, Fechten und Schießen geübt, die Zöglinge der technischen Hochschulen auch in der Bedienung von Geschützen. Wenn man nun bedenkt, daß es hier keine ausgemergelten, herabgekommenen Proletarier giebt, sondern daß jeder freiländische Jüngling die Vollkraft all seiner geistigen wie körperlichen Anlagen entwickeln kann, und sich vergegenwärtigt, welcher Vollendung ein solches Menschenmaterial durch von Jugend auf geübte, planmäßige Ausbildung fähig ist, so wird man mir glauben, wenn ich versichere, daß die aus diesen Schulen hervorgehenden freiländischen Schützen, Reiter und Kanoniere denen der besten europäischen Armee genau im selben Maße überlegen sind, wie die Zöglinge der griechischen Gymnasien den Barbarenhorden Persiens überlegen waren. Zwar hatte ich natürlich keine Gelegenheit, Freiländer im Ernstkampfe zu sehen, denn bisher war Freiland der Notwendigkeit eines ernsten Kampfes enthoben; aber ich sah sie bei ihren Waffenspielen, wo in der Regel mit scharfer Ladung nach sinnreich hergerichteten und meist auch beweglichen Zielen geschossen wird; ich konnte also die Wirkung freiländischen Einzel- und Rottenfeuers beobachten und ich wage kühnlich die Behauptung, daß solchem Feuer keine europäische Truppe auch nur wenige Minuten lang zu widerstehen vermöchte.

Die der Schule entwachsenen Jünglinge besitzen zum Zwecke der Fortführung der Waffenübungen eine freiwillige Organisation unter selbstgewählten Führern und alljährlich werden große Gau- und Landesübungen von ihnen abgehalten, in denen sowohl Einzelkämpfer als ganze, bis zu Tausendschaften vereinigte Abteilungen sich um unterschiedliche Preise bewerben, die zwar in nichts anderem bestehen als in einfachen Lorbeerzweigen, die aber deswegen nicht minder heiß umstritten werden, wie einst die Ölzweige der isthmischen Spiele bei den alten Griechen. Nun denn, ich war Zeuge eines solchen Kampfes und konstatiere, daß die siegreiche Tausendschaft den Preis zuerkannt erhielt auf Grund eines Schießergebnisses, welches 6780 Treffer bei zehn auf tausend Meter Distanz binnen einer Minute abgegebenen Salven aufwies. Nun weiß ich wohl, daß es ein Unterschied ist, ob man an wehrlose hölzerne — nebenbei bemerkt genau mannsgroße — Zielscheiben oder auf das Feuer erwidernde Feinde seine Schüsse abgiebt. Aber es ist ja nicht gerade nötig, daß tausend Mann in einer Minute die sechs- bis siebenfache Zahl niederschießen, um sie schlechterdings unnahbar für jeden Feind mit menschlichen Nerven zu machen. Und wer dies Resultat vielleicht für unglaublich hält, der möge bedenken, daß auch im bisherigen Verlaufe der Geschichte noch stets der harmonisch entwickelte Vollmensch über herabgekommene Knechte den Sieg davongetragen hat, mag das Zahlenverhältnis da und dort noch so ungleich gewesen sein. Nicht das Feldherrngenie des Miltiades war es, was bei Marathon, und eben so wenig das des Pausanias, was bei Plätäa den Ausschlag gab, sondern die unwiderstehliche

Waffengewandtheit der in den „Gymnasien" von Athen und Sparta ausgebildeten griechischen Männer, gegenüber den hilflosen Horden asiatischer Sklaven. Was sollte also Wunderbares daran sein, wenn die Zöglinge der freiländischen Gymnasien eine ähnliche Überlegenheit jenen Horden gegenüber an den Tag legen würden, welche die bürgerliche Welt gegen sie aufzubieten vermöchte?

Zu erklären wäre auch noch, warum in Freiland Gesundheitspflege und Justiz in *einem* Verwaltungskörper zusammengefaßt sind. Es spricht dies zunächst für eine Geringschätzung der Gerechtigkeitspflege, die überall in der bürgerlichen Welt geradezu als die Grundlage der gesamten gesellschaftlichen Ordnung hingestellt und als solche auch ganz besonderer Fürsorge gewürdigt wird. Der Unterschied liegt eben darin, daß hierzulande die Gerechtigkeit in den *allgemeinen* Einrichtungen liegt und daß man es demnach nicht notwendig hat, sie durch *besondere* Einrichtungen erzwingen zu wollen. Die bürgerliche Welt, die auf dem Unrechte beruht, indem sie neun Zehnteile aller Menschen zwingt, ihren eigenen Vorteil dem Vorteil der Gesamtheit oder dem, was man dafür hält, aufzuopfern, sie muß natürlich sehr umständliche Vorkehrungen treffen, damit die solcherart zur Preisgebung ihres eigenen Vorteils Gezwungenen sich dem Gebote der Allgemeinheit fügen. In Freiland wird von niemand gefordert, zu thun, was ihm schadet, zu unterlassen, was ihm nützt, hier steht der Nutzen der Allgemeinheit in vollständigstem Einklange mit jedermanns Eigeninteressen; es ist also überflüssig, dieses vom unübersteiglichen Walle der gesamten Einzelinteressen umgebene Gesamtinteresse noch durch besondere Schutzvorkehrungen zu verteidigen. Wir haben also hier schlechterdings keine Polizei und keine Gerichte im europäischen Sinne. Es kommen zwar Streitigkeiten hie und da vor, aber diese werden durch freiwillig und unentgeltlich ihres Amtes waltende Schiedsrichter geschlichtet. Ebenso giebt es auch in Freiland Verbrecher; doch betrachtet man diese als geistig oder moralisch Kranke und behandelt sie dementsprechend, d. h. man bestraft sie nicht, sondern sucht sie zu bessern. Und Ärzte, nicht Richter sind es, denen die Leitung und Überwachung des Besserungsverfahrens obliegt. Letzteres ist der Grund, warum das Justizwesen mit der Gesundheitspflege in einer Hand zusammengefaßt ist, wobei bemerkt werden muß, daß diese Behandlung der geistig und moralisch Kranken Freiland geringe Sorge bereitet, da es verhältnismäßig nur sehr wenige sind, die ihr unterzogen werden müssen.

Auch darin liegt durchaus nichts Wunderbares; die Freiländer sind weit entfernt, Engel zu sein. Es ist zwar zu hoffen, daß in nicht allzu ferner Zeit und jedenfalls nach Verlauf einiger Generationen das Fehlen fast aller Anreize zu gesetzwidrigen Handlungen eine wohlthätige Umwandlung auch in der Anlage und in der Natur der Menschen hier hervorrufen wird. Gleichwie körperliche Organe, die andauernd nicht geübt werden, verkümmern müssen, so gilt dasselbe auch für die Organe des Seelenlebens. Auch der schlechteste Mensch thut, sofern er nur zurechnungsfähig ist, nichts Böses ohne Anlaß, und auch der Beste kann zum Verbrecher werden, wenn der Anreiz dazu übermächtig wird; aber deshalb ist es doch nicht minder wahr, daß gute sowohl als schlechte Handlungen von Einfluß auch auf den Charakter des Menschen sind; schlechte Handlungen machen schlecht, gute Handlungen gut. Es ist also zu erwarten, daß die Menschen hier, wo ihnen jeder Anlaß, schlecht zu handeln, fehlt, stets besser und besser werden dürften. Aber bis sich diese Veredelung der Charakteranlagen vollzieht, wird wohl noch geraume Zeit vergehen, und einstweilen — ich wiederhole es — kann ich die Freiländer nicht, ihrem innersten Kerne nach, als bessere Menschen anerkennen, wie unsere Mitbrüder da draußen. Nichtsdestoweniger behaupte ich, daß die ganz außerordentliche Seltenheit von Verbrechen hier nichts Wunderbares sei. Morden, stehlen, betrügen denn die Leute da draußen aus purer Bosheit und zu ihrem Vergnügen? Sie thun es — zu neunundneunzig Hundertteilen mindestens — bloß aus Not oder Verführung. Nun, diese Not oder Verführung giebt es hier nicht. Es fehlt also jeder Anlaß zu neunundneunzig unter hundert Verbrechen, die da draußen begangen werden, und das ist der Grund, warum sie hier nicht begangen werden.

Natürlich ist das soeben betonte Fehlen von Not und Verführung nicht so zu verstehen, als ob der Unterschied zwischen Freiland und dem Auslande bloß darin bestünde, daß die Leute hier satt, dort hungrig sind. Auch die Satten begehen — wenn auch nicht so häufig wie die Hungrigen — in der bürgerlichen Welt Verbrechen genug; aber sie thun es, weil sie sich gleichsam in stetem Kriegszustande mit allen ihren Mitmenschen befinden und weil man es im Kriege naturgemäß mit Recht oder Unrecht nicht so genau nimmt wie im Frieden und unter guten Kameraden. Man bedenke, daß es selbst unter den Verworfensten, unter den Gaunern und Banditen in der bürgerlichen Welt, eine Art Standesehre giebt, die nichts anderes ist, als die Scheu, denjenigen zu verletzen, von welchem man voraussetzt, daß er uns nicht verletzen würde und daß er darauf vertraut, daß wir sein Recht achten. Wenn also die Freiländer ihre Rechte gegenseitig ohne Ausnahme achten, so könnte man beinahe behaupten, daß sie in diesem Punkte gar nichts anderes thun, als was, von verschwindenden Ausnahmen abgesehen, in ähnlicher Lage der Verworfenste in Europa auch thäte: sie verschonen die Kameraden. Und der Unterschied liegt bloß darin, daß die Freiländer alle Kameraden sind, während die Angehörigen der bürgerlichen Welt sich in der Regel als Feinde betrachten und behandeln.

Nachdem ich meine Stimme für die zwei mich

interessierenden Wahlen abgegeben hatte, beschloß ich, geführt von Freund Karl, die im selben Gebäude — dem freiländischen Volkspalaste nämlich — gelegenen andern Wahllokale in Augenschein zu nehmen, um mir das Treiben dort zu betrachten.

Als wir den Sitzungssaal des Vertretungskörpers für die freiländische Centralbank betraten, wo die Wählerversammlung des betreffenden Wahlkörpers zu tagen pflegt, tönten uns unwillige Rufe entgegen und wir bemerkten, daß sich die Menge um einen Redner gruppierte, dessen Ausführungen sichtlich diese Unruhe hervorriefen. Näher tretend sahen wir unsern Freund Tenax, der, wie ich nachholen muß, uns vor einigen Tagen mitgeteilt hatte, er trage sich trotz der mannigfachen Gebrechen des freiländischen Gemeinwesens mit der Absicht dauernder Ansiedelung in unserer Mitte und der hier offenbar einen ersten Versuch machte, sein Scherflein zur Verbesserung irgend eines der gerügten Gebrechen beizusteuern. Als solches entwickelte er, wie wir uns alsbald überzeugten, seinen augenblicklichen Hörern die exorbitante Höhe der freiländischen Steuer.

„Freiland will doch" — so rief er — „von Grundrente und Kapitalzins nichts wissen; wenn man euch aber fünfunddreißig Prozent Steuer vom gesamten Einkommen zahlen läßt, so steckt darin schon reichlich Rente wie Zins und ihr seid noch übler daran als die Leute da draußen, die doch im Durchschnitt nicht mehr als vier bis fünf Prozent unter beiden Titeln, zusammen also, wenn es hoch kommt, zehn Prozent bezahlen müssen."

Zu unseres Professors großer Überraschung verfehlte dieses schlagende Argument gänzlich seine Wirkung, rief vielmehr bloße Heiterkeit hervor. Zwar hatten einzelne Mitglieder der Versammlung nicht übel Lust, die Sache tragischer zu nehmen und sich über die Behauptungen unseres Freundes ernsthaft zu ärgern; es waren das einige

172

erst kürzlich vom Auslande eingetroffene Neulinge, die jedoch von der Majorität der älteren Freiländer alsbald beruhigt wurden, indem man ihnen bedeutete, hier müsse jedem gestattet sein, seine Meinung frei zu äußern.

Als der Professor den unerwarteten Heiterkeitserfolg seiner Rede wahrnahm, war seine Verlegenheit groß, dermaßen, daß einer der Anwesenden, sichtlich bloß, um dem sonderbaren Gaste die Beschämung zu ersparen, daß man seine Auseinandersetzungen nicht einmal einer Antwort würdige, zu einer kurzen Erwiderung das Wort nahm.

„Freunde" — so rief er — „dieser Mann meint es wahrscheinlich ganz ehrlich mit uns und nicht seine Schuld ist es wohl, wenn er, den Kopf noch voll Grillen, die da draußen künstlich gezüchtet werden, hier bei uns den Wald vor lauter Bäumen nicht sehen kann. Vielleicht gehen ihm die Augen auf, wenn ich ihn an zweierlei erinnere. Erstens daran, daß da draußen Grundzins wie Kapitalzins von der Summe des Kapitals gezahlt werden, während hier die Steuer vom Einkommen erhoben wird. Ich habe draußen in einer Fabrik gearbeitet, von welcher ich mich noch ganz wohl erinnere, daß die fünfprozentigen Zinsen des darin steckenden Kapitals im Jahresdurchschnitt ziemlich genau so viel betrugen, als die gesamten Löhne der dabei beschäftigten Arbeiter, den Direktor und das Aufsichtspersonal mit inbegriffen. Und mein Vater war Großknecht bei einem Pächter, der jährlich zweimal soviel Pachtzins zahlen mußte, als die Löhne seines gesamten Personals betrugen. Das Zweite aber, was ich ihm sagen möchte — und das ist in meinen Augen die Hauptsache — besteht darin, daß der Zins da draußen anderen Leuten gehört und von diesen zu ihrem Vorteil verwendet wird, während die Steuer in Freiland uns gehört und bis auf den letzten Heller für uns verwendet wird. Mir kommt es nicht bloß darauf an, wie viel ich zahle, sondern auch wovon und wofür ich es zahle; da draußen war ich ein armer Teufel, der den letzten, überhaupt entbehrlichen Heller hergeben mußte, damit sich andere bereichern — hier bin ich ein reicher Mann, der dafür zahlt, daß er noch reicher werde. Und diesen Unterschied hat eben unser neuer Freund vergessen."

Den Grad der Beschämung unseres guten Professors kann nur derjenige ermessen, der da weiß, wie sehr den meisten Lehrern das widerspruchlose Docieren vom Katheder herab zur zweiten Natur geworden ist. Auch ließ sich nicht verkennen, daß er die Berechtigung der ihm zu teil gewordenen Lektion im innersten Gemüte empfand; und so störten wir ihn denn nicht als er, ohne von uns Abschied zu nehmen, sich wortlos in der Menge verlor.

Vierzehntes Kapitel.
Über Geselligkeit, Liebe und Religion in Freiland.

Die beiden Regenzeiten, deren größere im Juli und deren kleinere im Oktober zu Ende geht, sind in Freiland der Karneval. Man darf sich unter diesen Regenzeiten keine Epochen ununterbrochener atmosphärischer Niederschläge vorstellen, ebensowenig als unter der trockenen Zeit eine Epoche ununterbrochener Dürre; es giebt in Afrika das ganze Jahr hindurch Regen, sowohl als schönes Wetter, nur überwiegt in der Regenzeit ersteres, in der Trockenzeit letzteres in ausgesprochenem Maße. Indessen gilt selbst dieser Gegensatz nur für das äquatoriale Tiefland in voller Schärfe, während die Berg- und Alpenlandschaften am Kenia und in dessen unmittelbarer Nachbarschaft denen der gemäßigten Erdstriche ähnlichere Witterungsverhältnisse aufweisen. Damit aber, daß es in den beiden Regenepochen beinahe täglich ausgiebige Niederschläge giebt, hat es auch hier seine Richtigkeit; die Vormittage sind meist schön und klar, gegen die Nachmittagsstunden aber ziehen sich um die Gipfel des Kenia dichter und dichter Wolken zusammen, die dann des Abends und meist die halbe Nacht hindurch in Form von Gewittern niedergehen, von deren Heftigkeit man in Europa schwerlich eine Vorstellung hat. Die Nächte sind um diese Zeit für den Aufenthalt im Freien schlechterdings ungeeignet, und danach hat sich denn das Volk von Freiland auch in seinen Vergnügungen gerichtet.

Während es in der schönen Zeit üblich ist, die balsamischen Nächte, soweit sie nicht dem Schlafe gewidmet sind, zu Ausflügen und zu allerlei anderen Unterhaltungen im Freien zu benutzen, vergnügt man sich in der Regenzeit vorwiegend in gedeckten Räumen und dabei spielt der Tanz eine hervorragende Rolle. Jeder freiländische Ort hat ein oder mehrere Vergnügungskomitees, welche die Veranstaltung öffentlicher Bälle in die Hand nehmen, und daneben finden sich die Familien mit erwachsenen Töchtern regelmäßig zu kleineren Tanzvergnügungen im Freundeskreise zusammen. Nur darf man sich unter diesen öffentlichen und Hausbällen beileibe nicht das vorstellen, was in Europa darunter verstanden wird. Man kommt hier nicht zusammen, um sich durch den Putz gegenseitig auszustechen, einander zu verlästern und sich gegenseitig über einander zu ärgern, sondern ausschließlich des Vergnügens halber und ohne irgend welchen andern Hintergedanken. Juwelen sind hier unbekannt; nicht etwa, daß die Freiländer und Freiländerinnen der Eitelkeit gänzlich entbehren würden; im Gegenteil, sie legen sehr großen Wert auf die Schönheit der äußern Erscheinung und insbesondere die Frauen sind eifrig bemüht, ihre körperlichen Vorzüge zur Geltung zu bringen. An den Mitteln zur Anschaffung von allerlei Kostbarkeiten würde es den Freiländern nicht fehlen, aber sie legen eben keinen Wert auf dieselben und zwar aus dem Grunde, weil die Kostspieligkeit einer Sache an und für sich hier nicht genügt, um sie irgend wem wünschenswert zu machen. So sonderbar es klingen mag, die Freiländerinnen ziehen Blumen als Schmuck den Juwelen vor. Dahinter vermutete ich anfangs irgend welche demokratische Tendenz, wurde aber von den Frauen, mit denen ich mich darüber in ein Gespräch einließ, alsbald eines besseren belehrt.

Daß Blumen schöner sind wie noch so künstliches und kostbares Geschmeide, wird vom Standpunkte unbefangener Ästhetik jedermann wohl zugeben; wenn man trotzdem in Europa letzteres höher schätzt, so hat dies seinen Grund nur darin, weil es kostbar ist und weil der Besitz kostbarer Sachen in der bürgerlichen Welt als Bescheinigung bevorzugter Lebensstellung gilt. Das Juwel ist dort gleichsam eine Art Adelszeichen, es beweist, daß sein Träger nicht zu den Knechten, sondern zu den Herren gehört, daß er das Recht hat, fremde Arbeit für sich auszunutzen, und darum, um diesen Adelstitel zu erlangen, verkaufen Tausende und Abertausende ihr und der Ihren Glück und Ehre.

„Glauben Sie wirklich," so fragte mich auf einem der hiesigen Bälle die Frau eines der Direktoren unserer Anstalt, „daß man Diamanten schätzt, weil sie *schön* sind? Ich kann Sie versichern, daß ich, als ich noch in Europa weilte, Diamanten von gewöhnlichen Glaskrystallen so wenig zu unterscheiden vermochte, als ich es jetzt vermöchte; trotzdem war damals meine Sehnsucht, ein Brillantenhalsband zu besitzen, während ich die Zumutung, ein Halsband aus Glaskrystallen anzulegen, mit Entrüstung von mir gewiesen hätte."

„Wodurch erklären Sie sich das?"

„Ich wollte mich eben weniger schmücken, als vielmehr durch irgend etwas ausgezeichnet sein vor der großen Menge: ich bin fest überzeugt, wenn es in Europa das Vorrecht der sogenannten höheren Klassen wäre, einen Nasenring zu tragen, so würde jede Frau, die Wert auf gesellschaftliche Stellung legt, ihr Äußerstes daran setzen, um einen Nasenring tragen zu dürfen. Nun denn, Diamanten zu tragen ist, weil sie teuer sind, in Europa der Vorzug der mächtigen, einflußreichen Klassen, deshalb erwirbt man sie um den Preis weit angenehmerer, nützlicherer und schönerer Dinge. Und wenn es hier ebenso wäre, ich versichere Sie, trotz der Umwandlung, die mit mir in manchen Stücken hier vorgegangen ist, ich würde auch hier Diamanten tragen. Aber hier in Freiland würde der Diamant nicht zeigen, daß ich zu den Einflußreicheren,

Mächtigeren, sondern daß ich zu den Thörichteren gehöre, nicht daß ich fremden Schweiß an die Erfüllung meiner Launen zu setzen vermag, sondern daß ich eigenen Schweiß oder den Schweiß der Meinen statt an nützliche und angenehme, an nutzlose und gleichgültige Dinge wende. Ich würde Bedauern statt Neid erregen, und das allein — Sie sehen, ich mache mich nicht besser als ich bin — ist der Grund, warum ich den Strauß hier an meiner Brust der kostbarsten Brosche, die Rosen hier im Haar allen Steinen der Welt vorziehe."

Genau die nämlichen Verhältnisse sind auch der Grund, warum die Mode in Freiland ihre tyrannische Herrschaft verloren hat. Man kleidet sich hier lediglich zu dem doppelten Zwecke der Verhüllung und Verschönerung; sich entstellen, um dadurch die andern zu verdunkeln, gälte hier als der Gipfelpunkt der Lächerlichkeit. In Befolgung dieses Grundsatzes ist hier in der That die Tracht, insbesondere die der Frauen, entzückend schön. Es wird sehr große Sorgfalt auf sie verwendet ja, wie ich in Erfahrung gebracht, verschmähen es selbst große Maler und Bildhauer nicht, den Kleiderkünstlern ein wenig ins Handwerk zu pfuschen. Aber da es sich bei Auswahl der Stoffe niemals um die Kostbarkeit, bei Feststellung der Kleiderschnitte niemals um Neuheit oder Seltsamkeit, sondern bei beiden ausschließlich um die Kleidsamkeit handelt, so läßt sich der Eindruck, den solch ein freiländischer Ballsaal mit der Fülle der sich in ihm zwanglos bewegenden, selbstbewußten, edlen Gestalten hervorruft, in Worten kaum schildern.

Was jedoch der freiländischen Geselligkeit ihren ganz besonderen Reiz verleiht, ist die geradezu kindliche Fröhlichkeit, die einem aus allen Gesichtern entgegenstrahlt. Man bewegt sich hier nicht bloß unter lauter Leuten, denen es wohl ergeht, sondern, was mehr ist, unter Leuten, die mit absoluter Sicherheit darauf rechnen können, daß es ihnen stets wohlergehen wird. Dem Kampf ums Dasein sind die

Freiländer nicht entrückt und jedermann ist hier für das größere oder geringere Ausmaß seines Wohlergehens selber verantwortlich; gänzlich unbekannt aber ist den Freiländern die häßliche, quälende Sorge um das tägliche Brot, um die Sicherung der wirtschaftlichen Existenz. Es ist ja möglich, daß die Genossenschaft, bei welcher man beteiligt ist, schlechte Geschäfte macht und sich auflösen muß; aber das kann wohl Verluste, niemals aber eine Gefährdung des weiteren Fortkommens im Gefolge haben, denn unveräußerlich ist jedes Freiländers Eigen, sein Anrecht an der Mitbenutzung des unermeßlichen Reichtums seines ganzen Landes. Diese fröhliche Zuversicht in Verbindung mit dem Bewußtsein, sich, man mag mit wem immer verkehren, stets unter guten Kameraden zu befinden, deren Vorteil unser Vorteil, deren Schaden unser Schaden ist, verleiht der Geselligkeit hier eine Aufrichtigkeit, Herzlichkeit und vornehme Sicherheit, derengleichen in der bürgerlichen Welt nirgends zu finden ist und auch gar nicht gefunden werden kann, denn dort kämpfen die Menschen den Kampf ums Dasein nicht *mit*einander, sondern *gegen*einander, dort ist der Nächste nicht der Genosse im gemeinsamen Kampfe gegen die Natur, sondern der Feind, gegen den mit allen Waffen der List und Gewalt sich zu schützen die Selbsterhaltung fordert.

Bezeichnend ist die freiländische Auffassung über diesen Unterschied in den geselligen Verhältnissen hier und in der bürgerlichen Welt. „Was wollen Sie," so sagte mir letzthin ein Freiländer, mit welchem ich diesen Gegenstand erörterte, „wir sind nicht besser als die Tiere, ja sogar als die Raubtiere; wir haben nur aufgehört, uns gegenseitig aufzufressen, wie das die Angehörigen der humanen bürgerlichen Gesellschaft thun, und sind zurückgekehrt zur Ethik der Bestien. Sie werden sagen, daß der Tiger den Ochsen und der Wolf das Lamm frißt; das thun wir auch — nur gegenseitig verschonen wir uns. Wir sind also keine

Übermenschen geworden. Die Wahrheit ist, daß wir früher *unter* den Bestien standen oder, wenn Ihnen das minder verletzend klingt, die schlimmsten aller Bestien waren."

Ist nun schon ganz im allgemeinen das Verhältnis des Menschen zum Menschen hier ein herzerhebendes, so muß ich das Verhältnis der Geschlechter geradezu bezaubernd nennen. Die Natur hat jedem gesund veranlagten Manne ein tief eingewurzeltes mächtiges Wohlgefallen am Weibe und jedem gesund veranlagten Weibe ein eben solches Wohlgefallen am Manne als obersten aller Instinkte eingepflanzt; in der bürgerlichen Gesellschaft aber wird dieser mächtige Instinkt vergiftet. Das Weib ist dazu verurteilt, im Manne den herrischen Unterdrücker zu sehen, und der Mann wieder muß im Weibe die rebellische Sklavin fürchten. Die bürgerliche Jungfrau ist durch die Verhältnisse dazu gedrängt, mit ihren Reizen den „Versorger" anzulocken, der sie dafür schadlos halten soll, was die Gesellschaft ihr versagt, und in ihren Mitschwestern sieht sie Konkurrentinnen bei diesem unschönen Ringen um die zukünftige Existenz. Offenheit und Würde sind von vornherein ausgeschlossen bei den Beziehungen zwischen Mann und Weib gerade in jenem ersten Stadium, wo sie doppelt vonnöten wären, weil es doch gilt, eine Wahl für das ganze zukünftige Leben zu treffen, bei welcher, sollen nicht beide Teile zu Schaden kommen, beide sich geben müssen, wie sie sind. Und was das Ärgste ist: da in der bürgerlichen Welt in den Augen jeder Jungfrau jeder Mann in erster Reihe als einer der zukünftigen Ernährer und folglich als ein Objekt der Eroberung, umgekehrt in den Augen jedes Mannes jede Jungfrau als mögliches Objekt zukünftiger Ernährung und dementsprechend als auf Eroberung und Überlistung ausgehende Männerjägerin sich darstellt, so besteht eigentlich zwischen beiden Geschlechtern ein immerwährender Zustand des Mißtrauens, der Heuchelei und Vorsicht.

Ganz anders all das in Freiland; hier ist der Mann dem Weibe und das Weib dem Manne nichts anderes, als wozu sie die Natur füreinander bestimmt hat; sicher steht das Weib auf seinem eigenen Rechte, es bedarf des Mannes nicht zum Leben, sondern nur zum Lieben, es wird daher bloß zu erobern trachten, wo sein Herz selber schon erobert ist oder sich doch zum mindesten danach sehnt, erobert zu werden. Das weiß der Mann und kann sich, wo sein Gefallen erregt wird, ohne Mißtrauen dem schönen Gefühle hingeben. Da er nicht gebraucht wird, so darf er sicher sein, nicht mißbraucht zu werden. Und da ebenso auch die freiländische Jungfrau sicher ist, daß derjenige, der sie umwirbt, dabei nicht ihr Vermögen, ihre Verbindungen, nicht ihre gesellschaftliche Stellung, sondern ausschließlich ihre Person im Auge hat, so wird sie ebensowenig dem Manne Mißtrauen entgegenbringen, als sie sein Mißtrauen erregt. Und vor allem: sie muß nicht um jeden Preis heiraten, sie muß nicht jeden Mann darauf ansehen, ob nicht etwa er der zukünftige „Versorger" sei. Sie weiß recht gut, daß unter den Tausenden junger Männer, die ihr begegnen, nur einer der Erwählte sein kann, und sie wartet daher ruhig, bis die Stimme ihres Herzens ihr diesen Erwählten bezeichnet. Die Beziehungen der Geschlechter sind daher zwanglos und rein zugleich, Jünglinge und Jungfrauen verkehren als gute Kameraden. Insbesondere aber befleißigen sie sich einer Wahrhaftigkeit und Offenheit, die in gewisser Beziehung sogar das in Freiland allgemein übliche Maß übersteigt. Nicht minder naturgemäß und glücklich sind die freiländischen Eheverhältnisse. Thatsächlich ist die Ehe hier überaus fest und Scheidungen kommen fast gar nicht vor; rechtlich dagegen beruht das Eheband lediglich auf der freien Übereinkunft der beiden Gatten. Da man in Freiland überhaupt zu nichts gezwungen werden kann, was nicht in die Rechtssphäre eines andern eingreift, und da ein Recht auf die Person des

Menschen hierzulande unter keinen Umständen anerkannt wird, so gilt die Ehe als freier Vertrag, der zwar nur unter Zustimmung beider Teile geschlossen, aber durch den Willen auch nur eines Teiles sofort gelöst werden kann. Dies leidet selbst dann keine Ausnahme, wenn Kinder vorhanden sind, welche in diesem Falle der Mutter gehören, es sei denn, daß diese selbst einer andern Anordnung zustimmt. Da es Vermögensrechte der Kinder, zu deren Schutze doch allein das starre bürgerliche Eherecht geschaffen wurde, in Freiland entweder gar nicht oder doch nur von untergeordneter Bedeutung giebt, so versteht sich diese Anerkennung des natürlichen Mutterrechts eigentlich von selbst. Und ebenso selbstverständlich ist es, daß gerade diese vollständige Vernichtung allen Ehezwanges eine ganz besondere Festigkeit der freiländischen Ehe zur thatsächlichen Folge hat. Es entspricht dies durchaus den Erfahrungen auch der bürgerlichen Welt, wo die Innigkeit des Ehebundes in umgekehrtem und die Häufigkeit der Ehescheidungen überall in geradem Verhältnisse steht zu den Schwierigkeiten, welche der Ehescheidung gesetzlich bereitet werden.

Standesunterschiede kennt die freiländische Gesellschaft nicht. Insbesondere gilt dies für die jungen Leute, die ihre Erziehung schon im Lande selbst genossen haben. Knaben und Mädchen erhalten hier allesamt, die ersteren bis zum zurückgelegten achtzehnten, die zweiten bis zum zurückgelegten sechzehnten Jahre die nämliche Erziehung, die ungefähr derjenigen in den besten deutschen Mittelschulen entspricht. Der Unterricht in den klassischen Sprachen wird nur denjenigen erteilt, die dies wünschen, im übrigen aber erhält die gesamte freiländische Jugend eine gründliche Gymnasialbildung. Erst nachdem diese Bildungsstufe erledigt ist, scheiden sich die Berufe; diejenigen, die sich irgend einem höheren gelehrten oder künstlerischen Fache widmen, besuchen die Hochschule oder die Kunstakademie, die andern eine der zahlreichen Gewerbeschulen, in welchen sie theoretische sowohl als praktische Anweisung für ihr zukünftiges Geschäft erhalten. Das selbstverständliche Ergebnis dieser Schulung ist, daß der einfachste Arbeiter nicht bloß den ganzen Zusammenhang seines Gewerbes, von den mechanischen Handgriffen angefangen bis zur Kenntnis der Bezugsquellen und Absatzmärkte vollständig inne hat, sondern auch über ein recht ansehnliches Maß allgemeiner Bildung verfügt. Diese freiländischen Arbeiter sind keine gedankenlosen, einseitigen Automaten, deren Interesse über ihre jeweiligen Handreichungen nicht hinausragen würde; sie sind jederzeit vollkommen in der Lage, den gesamten gewerblichen Organismus, dem sie gerade angehören, zu beurteilen, was natürlich dazu beiträgt, die Wahlen in den Generalversammlungen sachverständig und vernünftig zu gestalten; sie können außerdem jederzeit eine sich in verwandten Gewerben darbietende günstige Konjunktur durch Übertritt zu diesen praktisch ausnutzen, was wieder dazu beiträgt, die Gleichmäßigkeit der Erträge in allen Produktionszweigen in der denkbar vollkommensten Weise zu gewährleisten; und sie sind schließlich allesamt Kulturmenschen im höhern Sinne des Wortes, die teilnehmen können an allen menschlichen Angelegenheiten, die für öffentliches Leben, Wissenschaft und Kunst lebhaftes Verständnis und reges Interesse an den Tag legen. Damit soll natürlich nicht gesagt sein, daß jeder freiländische Arbeiter sich wirklich um alle höheren menschlichen Angelegenheiten kümmert; es giebt viele unter ihnen, die für alles, was nicht ihr persönlichstes Interesse berührt, ebenso gleichgültig sind — wie zahlreiche Angehörige der gelehrten Stände; denn die Teilnahme an der allgemeinen Kulturarbeit der Menschheit hängt eben nicht bloß vom Ausmaße des Wissens, sondern auch von persönlichen Neigungen und Anlagen ab; wo letztere fehlen, nützt ersteres nichts. Es soll hier nur gesagt sein, daß in diesem Punkte der Unterschied des Berufes in Freiland nicht ausschlaggebend ist.

Ebenso selbstverständlich ist, daß in Freiland jedwede ehrliche Arbeit von der öffentlichen Meinung gleichgeachtet wird. Ähnliches pflegt zwar auch die bürgerliche Welt von sich zu behaupten, es ist dies jedoch nichts anderes, als eine der vielen Lügen, mit denen man sich da draußen selbst täuscht. Arbeit ist außerhalb Freilands ganz im allgemeinen eine Schande, und zwar mit Recht; denn der Arbeitende in der bürgerlichen Welt ist ein höriger Mensch, Werkzeug für die Zwecke anderer, abhängig von deren gutem Willen, ein Knecht mit einem Worte, und kein Moralgesetz der Welt wird die Ehre des Knechtes gleichstellen mit der des freien, unabhängigen Menschen. Naturgemäß giebt es da draußen auch verschiedene Abstufungen in der Schande der Arbeit; je vollständiger die Ausnutzung, deren Gegenstand der Arbeitende ist, d. h. je größer die Plage und je geringer der Lohn, desto vollständiger auch die Verachtung; volle Ehre aber genießt da draußen bloß derjenige, der gar nichts arbeitet, sondern andere für sich arbeiten läßt. Hier, wo jeder für sich selber arbeitet, hier, wo niemand als Mittel zu Zwecken anderer mißbraucht werden kann, hier kann es auch keinen Unterschied machen, ob der Arbeitende diese seine selbstherrlichen Zwecke in der einen oder der andern Weise verfolgt. Es ist dies aber schon aus dem Grunde schlechterdings unmöglich, weil sich in Freiland eine strenge Scheidelinie der Berufe gar nicht ziehen läßt. Der einfachste Handarbeiter kann morgen, durch das Vertrauen seiner Genossen zu leitender Stellung berufen, in die Reihe der Kopfarbeiter vorrücken. Doch ganz abgesehen davon, findet in Freiland eine stete Durchdringung von Kopfarbeit und Handarbeit dadurch statt, daß zahlreiche Kopfarbeiter es vorziehen, in gewissen Zwischenpausen für längere oder kürzere Zeit irgend eine Handarbeit zu betreiben. Sie vergeben sich dadurch nicht das Geringste und erzielen damit eine gesunde und unter Umständen sogar angenehme Unterbrechung ihrer sitzenden Lebensweise. Ich habe hier kürzlich einen höheren Beamten der Centralbank kennen gelernt, der sich jährlich zwei Monate der Landwirtschaft und Gärtnerei widmet; ein Lehrer meiner Bekanntschaft arbeitet alljährlich durch einige Wochen in irgend einer Fabrik. Ja, so allgemein ist diese Gepflogenheit in ganz Freiland, daß alle Bureaus und Ämter sich auf dieselbe einrichten, d. h. gefaßt sein müssen, regelmäßig einer nicht gerade geringen Zahl der Angestellten Urlaub zum Zwecke solcher Abwechselung in den Berufsgeschäften zu geben. (Es versteht sich von selbst, daß während des Urlaubs die Gehalte aufhören.)

All das hat zur Folge, daß man sich hier im geselligen Verkehr um Berufsunterschiede gar nicht kümmert. Man wählt sich seinen Umgang ausschließlich nach den persönlichen Eigenschaften der Menschen, und wenn es auch natürlich ist, daß die mit gleichen geistigen Anlagen, Neigungen und Interessen Ausgestatteten sich enger aneinander schließen, so hat das doch mit dem, was man in Europa gesellschaftliche Stellung nennt, nicht das Geringste zu thun.

Einstweilen stört allerdings der Zuzug neuer, zum Teil noch auf ziemlich niedriger Stufe der geistigen Entwickelung stehender Einwanderer diese durchgängige gesellige Gleichheit; aber mit jedem Jahre vermindert sich stufenweise dieser Unterschied. Die Einwanderer hegen mit verschwindend geringen Ausnahmen den brennenden Wunsch, sich geistig zu heben, und der Wohlstand wie die Muße, die ihnen hier ausnahmslos zu teil werden, ermöglichen es ihnen in überraschend kurzer Zeit, das in den Jahren der Knechtschaft Versäumte nachzuholen. Zudem erlangt der in Freiland erzogene Nachwuchs mehr und mehr das Übergewicht über die zugewanderten, noch nicht vollkommen vom freiländischen Wesen durchtränkten

Elemente, und mit Sicherheit läßt sich darauf zählen, daß, ehe ein Menschenalter vergeht, die heute schon geltende rechtliche Gleichheit durch eine ebenso vollständige gesellschaftliche ergänzt werden wird.

Zum Schlusse hier noch einige Worte über die religiösen Verhältnisse Freilands. Auch diese stehen unter dem Einflusse des Grundsatzes der absoluten persönlichen Freiheit und Gleichberechtigung. So wenig sich die Gesamtheit anmaßt, die Arbeit des Einzelnen zu leiten und zu überwachen, ebensowenig kümmert sie sich um dessen Glauben. Thatsächlich besitzen alle großen Religionsgenossenschaften Anhänger in Freiland und zahlreiche derselben haben sich zu religiösen Gemeinden zusammengethan, die es mit ihrem Gottesdienste halten, wie ihr Gewissen ihnen vorschreibt. Dagegen, daß die Diener dieser unterschiedlichen Religionen sich in die politischen oder gesellschaftlichen Verhältnisse der Gesamtheit mengen, bietet die allgemein verbreitete Bildung und Aufklärung mehr als ausreichenden Schutz. Im übrigen muß rühmend anerkannt werden, daß die Priester hier ohne Ausnahme frei sind von jener Herrschsucht, die in der bürgerlichen Welt das hervorstechende Merkmal ihrer Kaste ist. Auch sie sind ja Menschen, welche sich der Geistesströmung nicht zu entziehen vermögen, inmitten derer sie sich befinden. In der bürgerlichen Welt, welche wahre Freiheit nicht kennt, wo jedermann nur die Wahl hat, ob er herrschen oder beherrscht sein will, entscheiden sie sich natürlich, wie die anderen alle, die in der gleichen Lage sind, für das erstere; hier, wo niemand herrscht und Herrschaft duldet, fällt es auch ihnen nicht ein, eine Ausnahme zu machen. Es ist daher kein Beispiel bekannt geworden, daß das freiländische Gemeinwesen durch priesterliche Herrschsucht oder Unduldsamkeit behelligt worden wäre; ließe sich irgend ein Religionsdiener derartige Gelüste beikommen, so könnte man es getrost seiner engeren Gemeinde überlassen, ihn zur

Vernunft zu bringen.

Fünfzehntes Kapitel.
Über die Tüchtigkeit der gewählten Betriebsleitungen, künstlerische Produktion, Kommunismus und Anarchismus, Staatsbetrieb, allgemeine Anwendbarkeit der freiländischen Grundsätze und die Furcht vor Übervölkerung.

Professor Tenax will sich um eine Lehrkanzel für Nationalökonomie an der hiesigen Universität bewerben. Die letzten Monate hat er dazu verwendet, die Übereinstimmung der richtig verstandenen Lehrsätze der klassischen Ökonomie mit den freiländischen Grundsätzen nach allen Richtungen zu erforschen, und das Ergebnis seiner Untersuchungen und seines Nachdenkens war im allgemeinen ein günstiges. Doch hält es der gewissenhafte Mann für notwendig, eine Reihe von Bedenken, mit denen er aus eigener Kraft noch immer nicht fertig geworden ist, im Wege der Disputation mit hiesigen Fachgenossen zur Klärung zu bringen. Er hat deshalb zwei der hiesigen Volkswirtschaftslehrer gebeten, sich in ein abschließendes Wortgefecht mit ihm einzulassen, und mir erwies er die Ehre, Zeuge dieses Geistesturniers sein zu dürfen. Schauplatz desselben war die Wohnung des einen der hiesigen Professoren und heute der Tag, an welchem es zur Austragung kam.

„Ich muß vor allem" — so leitete Professor Tenax die Schlacht ein — „bemerken, daß ich bezüglich eines Teiles meiner Bedenken selber ganz gut weiß, daß dieselben durch den bisherigen Verlauf der freiländischen Entwickelung thatsächlich Widerlegung fanden; aber ich bin Theoretiker und nicht Praktiker, ich will wissen, ob das, was ich hier sehe, aus inneren Gründen so sein muß, oder ob es vielleicht bloß zufällig so ist. Um also mit dem nächstliegenden zu beginnen, frage ich, welche Garantie dafür vorhanden ist, daß selbstherrliche Arbeiter sich allezeit die geschicktesten, tauglichsten Personen zur Leitung ihrer Geschäfte aussuchen werden und nicht diejenigen, die durch tönende Worte und verlockende Phrasen sich in ihre Gunst schmeicheln. In Europa zum mindesten hat man die Erfahrung gemacht, daß an der Spitze der Arbeiterparteien in der Regel Personen stehen, die gewaltig in Verlegenheit gerieten, wenn sie die von ihnen geführten Massen zu nützlicher Produktion anleiten sollten."

„Die Arbeiter der bürgerlichen Welt" — so antwortete ruhig der eine der freiländischen Professoren — „haben ganz recht, wenn sie nicht geschickte Geschäftsleute, sondern geschickte Agitatoren an ihre Spitze stellen, denn für sie handelt es sich ja nicht ums Produzieren, sondern ums Agitieren. Ebensowenig als daraus, daß ich mir für den Fall eines Krieges den tüchtigsten Haudegen zum Führer wähle, folgt, daß ich demselben Manne auch als Rektor unserer Universität meine Stimme geben würde, ebensowenig kann man daraus, daß agitierende Arbeiter die tüchtigsten Agitatoren, oder sagen Sie immerhin: die energischesten Schreier an ihre Spitze stellen, folgern, daß sie es ähnlich halten werden, wenn es sich um die Leitung ihrer Arbeit handelt. Die Arbeiter verstehen sich im Durchschnitt auf ihren Vorteil ganz gut und sind nicht so dumm, um zu übersehen, daß zur Leitung einer Fabrik andere Eigenschaften erforderlich sind, wie zur Leitung einer politischen Bewegung oder eines Ausstandes. Im übrigen sorgt gerade die Freiheit dafür, daß etwa begangene

Mißgriffe sehr rasch gut gemacht werden. Denn eine übelgeleitete Gesellschaft wird am Beispiele der besser geleiteten Nachbargesellschaften klug, und geschieht dies nicht mit der gehörigen Beschleunigung, so sieht sich eine solche Gesellschaft im Handumdrehen von Mitgliedern entblößt und muß liquidieren. Das ist der Kampf ums Dasein, wie *wir* ihn verstehen und bei welchem das Unfähige, Untüchtige naturnotwendigerweise vom Besseren, Tüchtigeren abgelöst wird."

Professor Tenax neigte zustimmend das Haupt und ging zu einer andern Frage über.

„Wie kommt es, daß die freiländische Arbeit durch Mißvergnügte und Unruhestifter nicht zu leiden hat? Verkannte Genies giebt es doch offenbar überall in der Welt und ebenso mangelt es nirgends gänzlich an Dummköpfen, welche an diese verkannten Genies glauben. Was geschieht, wenn hier solch ein Stänkerer mit seinem Anhang auftaucht? Ist nicht zu besorgen, daß er Verwirrung in die bestgeordnete Gesellschaft bringt?"

„Durchaus nicht," war die Antwort. „Gegen solche verkannte Genies haben wir eine unwiderstehliche Waffe, und diese besteht in nichts anderem, als in dem hier jedermann offenstehenden Rechte, seine Ideen zur Ausführung zu bringen. Es ist in der That wiederholt vorgekommen, daß Hohlköpfe Parteiungen versuchten; sie haben klein beigeben müssen, so wie man ihnen nahelegte, ihre großen Worte zur That zu machen. Die Mittel der Gesamtheit wären ihnen dafür zur Verfügung gestellt worden, so gut wie den bestehenden Gesellschaften, natürlich sofern sie Helfer bei praktischer Verwirklichung ihrer Ideen gefunden hätten; diese Helfer aber fanden sich eben beinahe niemals, so wie es galt, zur Ausführung zu schreiten. Hätte man die Leute zwingen wollen, vernünftig zu bleiben, so hätten sie über Gewalt geschrieen und des Räsonnierens wäre kein Ende gewesen; da es nur von ihnen abhing, welche Dummheit immer zu begehen, so ließen sie es weislich bleiben und das Räsonnieren hatte ein Ende. Die Freiheit hat sich auch in diesem Punkte als die beste Gewähr der Ordnung erwiesen."

Abermals gab Professor Tenax seine Zustimmung zu erkennen und fuhr dann fort: „Ich kann mir jetzt der Hauptsache nach das nun folgende Bedenken selbst beantworten, nämlich die Frage, ob denn nicht von politischen und insbesondere socialpolitischen Parteiungen Zerwürfnisse zu erwarten seien. Wer z. B. ein Fanatiker der absoluten Gleichheit ist und sich dadurch gekränkt fühlt, daß seinem Direktor die Arbeit höher angerechnet wird als ihm selbst, dem steht es frei, sich — immer unter der Voraussetzung, daß er Genossen findet — einen Direktor zu suchen, der mit fünf oder sechs Stundenwerten täglich zufrieden ist. Aber derlei Versuche könnten, wenn sie häufiger vorkommen, doch störend werden; wie erklären sie, meine geschätzten Kollegen, daß solche radikale Gleichheitsduselei hier meines Wissens überhaupt gar nicht vorgekommen ist und daß ebensowenig anarchistische Experimente in Freiland unternommen wurden?"

„Das erklärt sich unseres Erachtens sehr einfach dadurch, daß die absolute Gleichheitsidee nichts anderes ist, als eine Hallucination des Hungerfiebers. Die Menschen sind so offenbar und sinnfällig weder an Fähigkeiten noch an Bedürfnissen gleich, daß nur ein Wahnsinniger auf den Gedanken geraten könnte, diese der menschlichen Natur zuwiderlaufende absolute Gleichheit zu erzwingen — wenn der Hunger nicht da wäre. Satt werden wollen alle Menschen, in diesem Punkte sind wir thatsächlich alle gleich, und in einer Gesellschaft, wo schmutziges, brutales Elend an der Tagesordnung ist, dort erklärt es sich, daß gleichmäßige Teilung verlangt wird. Zeigt sich aber, daß jedermann, wenn ihm nur die Mittel zur Bethätigung seiner Kräfte zugänglich sind, bei mäßiger Arbeit nicht bloß das

Notwendige, sondern auch das Überflüssige, das Angenehme und das Schöne erlangen kann, handelt es sich nicht mehr darum, das Brot, sondern den Braten und das Konfekt zu verteilen, dann wäre es schlechthin albern, zu verlangen, daß jedermann die gleiche Portion erhalten müsse, gleichviel, ob er danach Verlangen trägt oder nicht.

„Und was den Anarchismus anlangt, das Bestreben, zugleich mit der Herrschaft auf wirtschaftlichem Gebiete, auch alle staatliche Ordnung über den Haufen zu werfen, so erklärt sich auch dieser bloß aus dem Hasse gegen eine bestimmte Form der staatlichen Ordnung, welche die Mehrheit dazu verurteilt, die Fortschritte der Kultur anderer mit den eigenen Entbehrungen zu bezahlen. Wo *alles* teilnimmt an den Früchten fortschreitender Kultur, dort fällt es niemand bei, jene Ordnung anzutasten, die Voraussetzung des Kulturfortschrittes ist.“

„Bevor ich,“ nahm nun wieder Professor Tenax das Wort, „zu den zwei großen Prinzipienfragen übergehe, die den Schluß meiner Zweifel enthalten, möchte ich noch die Nebenfrage geklärt sehen, ob sich mit dem Grundsatze der Freizügigkeit alle erdenklichen Arbeitszweige vereinbaren lassen. Wie hält man es zunächst mit künstlerischen Leistungen? Soll es sich ein Maler gefallen lassen, daß beliebige Personen sich ihm als Helfer aufdrängen, und was kann er hierzulande thun, um sich solch unwillkommene Genossen vom Leibe zu halten?“

„Den Maler,“ so war die Antwort, „schützt vor solchen Genossen schon die Thatsache, daß er zu seiner Arbeit der Mittel der Gesamtheit nicht bedarf und daß also bei ihm jene Voraussetzung fehlt, an welche die Pflicht geknüpft ist, sich Genossen der Arbeit gefallen zu lassen. Doch nehmen wir selbst an, daß es sich anders verhielte; setzen wir den Fall, daß ein Maler oder ein Bildhauer für seine Arbeit im eigenen Hause nicht Platz hat und daß auch die Materialien zur Vollendung derselben so große Mittel erfordern, daß er den öffentlichen Kredit in Anspruch nimmt; jetzt ist er der Freizügigkeit unterworfen. Aber glauben Sie, daß die öffentliche Meinung eine Störung seiner Arbeit durch unberufene Eindringlinge dulden würde? Sowie sich der leiseste Versuch zu derartigem Beginnen zeigt, hat unser Mann nichts anderes nötig, als eine Generalversammlung einzuberufen, sich von dieser zum bevollmächtigten Direktor ernennen zu lassen und dann sich meldende Genossen entweder zu Handlangungen oder, wenn er auch dieser nicht bedarf, überhaupt nicht zu verwenden. Wollen Böswillige ihn vergewaltigen, so stehen ihm jederzeit ausreichende Stimmen seiner Mitbürger zur Verfügung, um derartige Versuche zu vereiteln. Unsere oberste Herrin, die öffentliche Meinung, mengt sich zwar ungefragt in nichts und läßt jeden treiben, was er mag; sofern aber irgend jemandes Treiben die Rechte anderer kränkt, ist sie, gerade weil sie zu unnötigem und überflüssigem Eingreifen niemals herangezogen wird, sofort hilfsbereit. Hier kann nur Unrecht unter der Voraussetzung geschehen, daß es sich der davon Betroffene schweigend gefallen läßt."

„Ich bin auch hierüber beruhigt," erklärte Professor Tenax. „Möchten Sie mir nun erklären, welches Mittel Freiland anwendet, um die Gerechtigkeit in solchen Fällen zu handhaben, wo die Freizügigkeit außer stande ist, das Gleichgewicht der Arbeitserträge herzustellen, oder wo sie dies zum mindesten nicht thun könnte, ohne die Wirtschaftlichkeit der Produktion in hohem Maße zu beeinträchtigen? Es ist nicht richtig, daß der Wert *jeder* Ware vom verhältnismäßigen Arbeitsaufwande abhängt oder davon abhängig gemacht werden kann, und zwar ist dies aus dem Grunde unrichtig, weil es Waren giebt, die nicht durch menschliche Arbeit, sondern durch die freiwillige Thätigkeit der Natur hervorgebracht sind, Waren, die der Mensch nicht erzeugt, sondern bloß einheimst. Der Baum im Walde ist nicht das Produkt desjenigen, der ihn fällt, und im Werte des Holzes wird daher nicht die Arbeit des Holzfällers, sondern der Hauptsache nach die unentgeltliche Leistung der Natur bezahlt. Dasselbe gilt vom Erze eines reichen Bergwerks, in welchem regelmäßig nicht die Arbeit des Bergmannes allein, sondern daneben auch noch die davon unabhängige Seltenheit des Vorkommens bezahlt werden muß. Ja, ein solcher durch die natürlichen Verhältnisse bedingter Seltenheitswert kann in der Mehrzahl aller Produktionszweige vorkommen. Nun gebe ich zu, daß die Freizügigkeit, wenn man sie ins Extrem treiben will, die Ausgleichung aller Erträge zu bewerkstelligen vermöchte. Bleiben wir bei dem Beispiele mit dem Bergwerke, so werden sich der ergiebigeren Mine insolange vermehrte Arbeitskräfte zuwenden, bis der auf die einzelne Arbeitskraft entfallende Ertragsanteil sich überall ins Gleichgewicht setzt; aber das wird unter Umständen nur derart möglich sein, daß die Leistung der einzelnen Arbeiter der ergiebigeren Mine beschränkt wird. Auch dagegen kann man sich helfen, indem die ergiebigere Mine die Überschüsse ihres Ertrages über den landesüblichen Durchschnitt an das Gemeinwesen oder an verwandte Minen zur Verteilung und solcherart eine billige Ausgleichung der Erträge zuwege bringt. Aber wie mir scheint, hält man in Freiland selbst diese letztere Methode nicht überall für ausreichend oder doch nicht für die zweckmäßigste, denn ich sehe, daß einzelne Arbeitszweige, und zwar insbesondere Bergwerke und Forste, in Staatsbetrieb genommen werden. Liegt hierin nicht das Geständnis einer Mangelhaftigkeit des Prinzipes der Freizügigkeit?"

„Durchaus nicht. So wenig es eine Verletzung des in der bürgerlichen Welt geltenden Grundsatzes der Privatwirtschaft ist, wenn der bürgerliche Staat selbst Privatwirtschaft betreibt, ebensowenig ist es eine Verletzung des Prinzips freivergesellschafteter Wirtschaft, wenn der Staat sich selbst wirtschaftend den freien

Vergesellschaftungen anreiht; in beiden Fällen ist das Prinzip gewahrt, sofern nur der Staat selbst nicht von demselben abweicht. Eine Verletzung der bürgerlichen Wirtschaftsordnung wäre es nur, wenn sich etwa der bürgerliche Staat beifallen ließe, in den von ihm betriebenen Wirtschaftszweigen andere als die bürgerlichen Grundsätze gelten zu lassen, und ebenso könnte unser Prinzip nur dann als verletzt gelten, wenn unser Staat bürgerliche oder kommunistische Grundsätze bei den von ihm betriebenen Wirtschaften einschmuggeln wollte — oder auch nur könnte. Er kann es ebensowenig, als der bürgerliche Staat nach unseren Grundsätzen zu arbeiten vermöchte. Worauf es ankommt, das ist einzig der Gesichtspunkt, nach welchem die in solchen Staatswirtschaften Beschäftigten für ihre Thätigkeit entlohnt werden; in der bürgerlichen Welt geschieht dies unter Gewährung des landesüblichen *Arbeitslohnes*, d. h. des je nach Ort und Zeit zur Fristung des Lebens für notwendig Erachteten, bei uns unter Gewährung des landesüblichen *Vollertrages* von menschlicher Arbeit. Gleichwie der bürgerliche Staat seinen Angestellten so viel bezahlen muß, als dem üblichen Existenzminimum entspricht, weil er andernfalls die nötigen Arbeitskräfte nicht fände, und gleichwie er ihnen nicht mehr gewähren kann als dieses Existenzminimum, weil er andernfalls mit Arbeitsanerbietungen überflutet würde — ebenso muß unser Staat seinen Angestellten in welchem Zweige der von ihm betriebenen Wirtschaft immer den nämlichen Vollertrag von Arbeit gewähren, wie ihn die anderen Arbeitenden des Landes genießen, und er kann ihnen nicht mehr gewähren, weil ihm erst recht das Mittel fehlen würde, dem Zudrange von Arbeitskraft eine Schranke zu ziehen. Um es kurz zu sagen: der Staat ist bei uns so wenig als in der bürgerlichen Welt von aller wirtschaftlichen Thätigkeit ausgeschlossen, aber bei uns wie in der bürgerlichen Welt steht seine Wirtschaft unter der zwingenden Gewalt des gesellschaftlichen Grundprinzips, welches dort die Ausbeutung, hier die Gerechtigkeit ist."

„Ich komme nun," so nahm Professor Tenax abermals das Wort, „zu der ersten, der bereits angedeuteten großen Prinzipienfragen. Glauben Sie, daß es möglich ist, die für Freiland zur Anwendung gebrachten Grundsätze auf die ganze Menschheit anzuwenden; wenn Sie das glauben, halten Sie es für möglich, daß dies überall unter Schonung aller erworbenen Rechte geschehen kann, und gleichviel ob Sie letzteres glauben oder nicht, warum haben Sie zur Verwirklichung Ihrer menschheitserlösenden Ideen diesen entlegenen Winkel im Innern Afrikas ausgesucht und es nicht vorgezogen, dieselben unter den civilisierten Nationen Europas oder Amerikas durchzusetzen?"

„Die Bejahung des ersten Punktes dieser Frage versteht sich eigentlich von selbst," lautete die Antwort. „Da die freiländischen Grundsätze durchaus in der menschlichen Natur fußen, so läßt sich kein erdenklicher Grund absehen, warum man sie nicht überall anwenden und damit nicht die nämlichen Erfolge erzielen könnte, wie wir hier in Freiland. Denn wir setzen ja von den Angehörigen unseres Gemeinwesens nichts anderes voraus, als jenen fürwahr sehr mäßigen Grad von Bildung, die dazu erforderlich ist, um den handgreiflichen eigenen Vorteil zu verstehen. Unsere Arbeiter bedürfen keines tieferen Verständnisses für volkswirtschaftliche Fragen; sie brauchen bloß zu begreifen, daß es besser ist, bei gleicher Anstrengung fünf Mark als vier Mark zu verdienen. Auch besondere Tugenden fordern wir von den Menschen nicht; Freiheit und Gerechtigkeit haben die Kraft, die Menschen zu verbessern, aber damit Freiheit und Gerechtigkeit eingeführt werden, ist es durchaus nicht notwendig, daß die Menschen besser seien, denn nicht Gemeinsinn, sondern freiwaltender Eigennutz ist das leitende Prinzip der Wirtschaft in Freiland."

„Aber die wirtschaftliche Freiheit und Gerechtigkeit ist

nicht bloß überall möglich, ihr Sieg ist unvermeidlich, soll anders nicht aller Kulturfortschritt ein Ende finden. Denn seitdem es dem menschlichen Geiste gelungen, die grenzenlose Kraft der Elemente in den Dienst der Arbeit zu zwingen, ist die Ausbeutung des Menschen durch den Menschen aus einer grausamen zwar, aber unvermeidlichen Kulturnotwendigkeit — was sie Jahrtausende hindurch gewesen — zu einem Kulturhindernis geworden. Es giebt jetzt, sofern die arbeitenden Massen ausgeschlossen bleiben vom Genusse des Vollwertes ihrer Arbeit, keine Verwendung mehr für die Erträge wachsender Produktion, und da unverwendbare Dinge, weil sie wertlos sind, nicht erzeugt werden können, so erstickt die Ausbeutung jenen Reichtum im Entstehen, der sich sofort einstellen würde, sowie nur Verwendung für denselben vorhanden wäre. Die Knechtschaft ist zur alleinigen Ursache des Elends geworden, und da Elend Barbarei und Ohnmacht ist, so muß und wird es dem Reichtum weichen, der Kultur und Macht bedeutet."

„Also unsere Grundsätze können nicht bloß, sie müssen überall zur Verwirklichung gelangen. Und zwar könnte dies überall geschehen ohne Verletzung erworbener Rechte. Gleichwie die bäuerlichen Lasten und das Eigentum an den Sklaven seinerzeit in vielen Staaten friedlich abgelöst wurden, so könnte das auch mit dem ganzen Grundbesitze und mit den Arbeitskapitalien geschehen. Das unermeßliche Wachstum des Reichtums, welches die mit naturgesetzlicher Notwendigkeit eintretende Folge des zwischen Produktionskraft und Konsumtionskraft hergestellten Gleichklanges wäre, böte mit spielender Leichtigkeit die Mittel zu allen diesen Leistungen, und da die bisherigen Besitzer mit den ihnen zugesprochenen Ablösungssummen ohnehin keine Zinsen mehr machen, sondern dieselben lediglich zu allmählichem Verbrauche benutzen könnten, so würde es nicht schwer fallen, die Abzahlungen auf eine längere Reihe von Jahren zu verteilen und solcherart selbst für den Anfang jede Überbürdung der neuen Wirtschaft aus diesem Titel zu vermeiden. Ja, es läge sogar im Interesse der neuen Ordnung der Dinge, daß dieselbe überall unter Schonung aller erworbenen Rechte durchgeführt werde, da nur solcherart Erschütterungen und Störungen vermieden würden, die unmöglich ohne Nachteil auch für die Zukunft bleiben können. Aber wir bezweifeln trotzdem, daß sich der unvermeidliche Übergang von der ausbeuterischen zur freien Wirtschaft allerorten oder auch nur in den meisten civilisierten Staaten in so schonender, ruhiger Weise vollziehen wird. Damit dies geschähe, müßten die Besitzenden die friedliche Revolution selbst in die Hand nehmen, ihr wenigstens zustimmen, so lange sie noch ein Restchen Macht in Händen haben. Und das werden sie voraussichtlich nirgends thun. Daß aber eine gegen den Widerstand der Machthaber durch Gewalt zum Siege gelangte Revolution schonend verfahre, ist nicht zu erwarten. Von der Zähigkeit der Besitzenden dürfte es voraussichtlich überall abhängen, ob über ihre Ansprüche mit größerer oder geringerer Rücksichtslosigkeit zur Tagesordnung übergangen wird; je hartnäckiger sie sich dem Rade der Zeit entgegenstemmen, desto sicherer und grausamer werden sie unter demselben zermalmt werden. Ich fasse also die Antwort auf den zweiten Punkt der Frage dahin zusammen: der Übergang zur socialen Freiheit und Gerechtigkeit könnte sich überall unter vollkommenster Schonung der erworbenen Rechte vollziehen; er wird aber wahrscheinlich in den meisten Ländern unter teilweiser oder gänzlicher Nichtbeachtung dieser Rechte, ja unter blutigen Verfolgungen vor sich gehen."

„Damit ist aber der Hauptsache nach schon der dritte Punkt beantwortet. Der Herr Fragesteller scheint zwar zu meinen, daß die Gründer von Freiland, auf die Gefahr hin, dadurch blutige Verwickelungen heraufzubeschwören, den

Hebel inmitten der bürgerlichen Gesellschaft hätten ansetzen sollen, weil sie dadurch die Befreiung der enterbten Massen der Welt, auf die doch größerer Nachdruck gelegt werden müsse als auf die Schaffung eines Asyls, in welchem jedenfalls nur einige Millionen Platz finden, rascher und sicherer erreichen würden. In der That ist der oberste Zweck, der auch uns hier vorschwebt, die Befreiung all unserer unter Ausbeutung seufzenden Mitmenschen; wir waren und sind jedoch überzeugt, durch die Gründung Freilands mehr für die Befreiung der Welt geleistet zu haben, als durch noch so wirksame Agitation in den Staaten Europas und Amerikas. Denn da es keiner Frage unterliegt, daß die Besitzenden, welche ja allenthalben die Macht in Händen halten, sich unseren Bestrebungen widersetzt hätten, so ist es ebenso unfraglich, daß wir uns auf das Agitieren hätten beschränken müssen, während wir hier zu handeln vermochten. Und die Beredsamkeit der Thatsachen ist eine unendlich gewaltigere als die noch so wohl durchdachter und wohlgesetzter Worte. Gleichwie jene englischen Independenten, die im siebzehnten Jahrhundert den Grundstein zu den Vereinigten Staaten von Nordamerika legten, damit mehr und besseres für die politische Freiheit der Welt thaten, als wenn sie in ihrer englischen Heimat verblieben wären und dort für die nämliche Sache vergeblich geduldet hätten, so glauben auch wir, mehr für die wirtschaftliche Freiheit geleistet zu haben, indem wir hier handelten, statt anderwärts thatenlos zu dulden."

„Sie sind also gleich mir der Überzeugung," so nahm nun Professor Tenax abermals das Wort, „daß Freiland bestimmt ist, seine Einrichtungen über die ganze Welt zu tragen und daß es diesen seinen obersten Zweck früher oder später erreichen wird. Damit aber werden Not und Elend ihren Abschied von der Menschheit nehmen. Glauben Sie, daß das geschehen kann, ohne daß Übervölkerung die notwendige Folge wäre, und besorgen Sie nicht, daß Übervölkerung wieder zu Not und Elend führen muß? Malthus hat bewiesen, daß die Bevölkerungszunahme das stetige Bestreben habe, über den Nahrungsspielraum hinauszuwachsen, und daß endloser Vermehrung eben nur durch den Nahrungsmangel eine Grenze gezogen werden könne. Nun bewahrt die bürgerliche Wirtschaftsordnung zum mindesten eine Minderheit der Menschen vor den unvermeidlichen Endergebnissen der Not; gelangt aber die wirtschaftliche Gleichberechtigung zu allgemeiner Anwendung, dann muß, wenn abermals Not hereinbricht, diese allgemein werden und das wäre gleichbedeutend mit allgemeinem Kulturrückschritte, mit Barbarei."

„Malthus hat das, was Sie soeben darlegten," antwortete der eine der freiländischen Professoren, „und was thatsächlich von der ganzen bürgerlichen Welt einem unumstößlichen Dogma gleich geachtet wird, nicht bewiesen, sondern nur behauptet. Und daß man diese, den augenscheinlichsten Thatsachen hohnsprechende, in der Luft schwebende Behauptung ein volles Jahrhundert hindurch für einen vollgültigen Beweis nahm, ist nur ein Zeugnis mehr für die voreingenommene Verblendung dieser merkwürdigen Zeit, die über dem erfolgreichen Bestreben, der Natur ihre Geheimnisse abzulauschen, den großen Zusammenhang aller natürlichen und menschlichen Dinge gänzlich aus dem Auge verlor. Es ist allerdings wahr, daß die Vermehrung der Menschen, wie überhaupt aller lebenden Wesen, irgend eine Grenze haben müsse, und es ist ebenso wahr, daß Hunger und Entbehrungen unter Umständen zu einer Grenze der Volksvermehrung werden; unwahr aber ist, daß die Menschen sich unter allen Umständen vermehren, bis sie der Hunger decimiert, vielmehr zeigt selbst der oberflächlichste Blick auf die Thatsachen jedem durch Vorurteile nicht vollends verblendeten Beobachter, daß als große Regel das Gegenteil stattfindet, daß die Menschen sich nirgends oder doch beinahe nirgends bis an die Grenzen ihres Nahrungsspielraums vermehren noch jemals vermehrt haben. Wäre es anders, so müßte ja Übervölkerung die allgemeine Regel sein, während thatsächlich die Erde mit Leichtigkeit die hundertfache Menschenzahl ernähren könnte.

„Malthus beruft sich zur Erhärtung seines Lehrsatzes auf die Natur; auch dort findet als Regel das Gegenteil von dem statt, was er aus ihr herauslesen will; in der Natur herrscht nicht Mangel, sondern grenzenloser Überfluß; selbst jene Arten, deren Fruchtbarkeit die stärkste ist, vermehren sich doch nirgends oder doch nur in höchst vereinzelten Ausnahmefällen auch nur annähernd bis an die Grenzen ihres Nahrungsspielraumes. Daß Malthus auf die aberwitzige Idee geraten konnte, die Menschen hungerten und hätten alle Zeit gehungert, weil ihrer zuviel seien, ja, daß er auf die noch aberwitzigere Wahnvorstellung geriet, allenthalben in der Natur herrsche der nämliche Zustand des regelmäßigen Hungers, erklärt sich bloß daraus, daß er den Hunger in der Menschheit als Thatsache vor sich sah, die richtige Erklärung desselben — daß die Massen hungern, weil ihnen vorenthalten wird, womit sie sich sättigen könnten — nicht zu entdecken vermochte und deshalb zu dem Auskunftsmittel griff, welches sich überall einstellt, wo richtige Erklärungen fehlen, nämlich ein Naturgesetz aufzustellen, wo nichts anderes vorliegt, als eine verkehrte menschliche Einrichtung. Die Wahrheit ist, daß die Natur außer dem Hunger noch eine ganze Reihe von Mitteln besitzt, um das Gleichgewicht in der Fortpflanzung jeglichen Lebewesens aufrecht zu erhalten; die Vermehrung *fände* eine Grenze im Hunger, wenn sie im übrigen grenzenlos wäre; da sie aber letzteres nicht ist, da andere Naturgewalten das Gleichgewicht zwischen Fortpflanzungsvermögen und Sterblichkeit lange vor Erreichung der Hungergrenze herstellen, so kann der Hunger höchstens ausnahmsweise die ihm von Malthus als Regel zugeschriebene Wirkung äußern.

„Aber die hohe Bedeutung, welche der Malthusschen Übervölkerungslehre von der bürgerlichen Welt beigemessen wird, wäre selbst dann ungerechtfertigt, wenn dieser Lehrsatz an und für sich auf Wahrheit beruhen würde. Daß die Kohlenfelder der Erde in absehbarer Zeit erschöpft werden müssen, wenn mit ihrem Verbrauche in der bisherigen Weise fortgefahren wird, ist doch für alle Fälle viel sicherer, unzweifelhafter, als daß die Erde für die Menschheit zu eng werden müßte, wenn man den Arbeitenden gestatten würde, sich zu sättigen; warum ängstigt sich die bürgerliche Welt nicht vor dem Versiegen der Kohlenminen, sondern überläßt die Sorge um die Beschaffung zukünftigen Brennstoffes getrost den kommenden Generationen, während sie sich unablässig den Kopf dieser nämlichen Generationen wegen der Übervölkerungsgefahr zerbricht? Es steckt hier ein gutes Stück bewußter oder unbewußter Heuchelei verborgen; man sucht nach Gründen für eine Handlungsweise, von welcher man instinktiv empfindet, daß sie nicht zu rechtfertigen sei. Der Übervölkerungstheorie liegt in Wahrheit gar nichts anderes zu Grunde, als die nur zu berechtigte Scham darüber, daß wir ungezählte Millionen gleichberechtigter Mitgeschöpfe dem jämmerlichsten Elende preisgeben, während wir doch die Mittel besäßen, ihnen allen ein menschenwürdiges Dasein zu ermöglichen.“

Hiermit hatte diese interessante Auseinandersetzung ihr Ende erreicht. Nicht leicht zuvor sah ich jemals einen Besiegten und vollends einen im Wortkampfe besiegten Professor, der ob seiner Niederlage so froh gewesen wäre, wie diesmal mein einst so zäher Lehrer und Freund Tenax. Er schüttelte beim Abschiede seinen zwei erfolgreichen Widersachern so freudig bewegt die Hände, als ob es nur von deren gutem Willen abgehangen hätte, ihm dem Übertritt nach Freiland zu ermöglichen oder zu verwehren.

„Jetzt bin ich mit der Vergangenheit fertig; meine ganze Zukunft gehört der Verbreitung jener Ideen, die ich hier in mich aufgenommen" — das waren des Professors Worte, als wir uns trennten.

Schluß-Kapitel.

Ich schließe hiermit das Tagebuch über meine Erlebnisse in Freiland und zwar aus dem sehr triftigen Grunde, weil meine Zeit, die bisher zwischen Arbeit, Belehrung und Vergnügen geteilt war, derzeit durch Gefühle, Gedanken und Handlungen ausgefüllt wird, die sich allesamt in *einem* Kreise bewegen, in dessen Mittelpunkt ein weibliches Wesen steht, das für mich der Inbegriff alles Edlen, Schönen und Guten ist. Das heißt mit andern Worten: ich bin verliebt.

Der Leser besorge nicht, daß ich ihn mit Ergüssen meiner Liebe behellige; dieses Schlußkapitel soll nichts anderes sein als eine möglichst trockene Verlobungsanzeige. Nur eines muß ich noch erzählen, weil es bezeichnend ist für die Denkungsart der freiländischen Mädchen.

Als ich mich mit meiner Braut verlobt hatte und die Einrichtung unseres zukünftigen Heims zur Sprache kam, erwähnte ich, daß ich in Europa ein sehr bedeutendes Vermögen zurückgelassen, über welches ich allerdings teilweise bereits zu gunsten des freiländischen Gemeinwesens verfügte, von welchem jedoch immerhin noch genug vorhanden sei, um uns hier den Luxus eines besonders schön und behaglich eingerichteten Hausstandes zu gestatten. Da verfärbte sich meine Braut und bat mich dringend, auf diesen Gedanken zu verzichten. Als ich nach dem Grunde forschte und zu wissen begehrte, warum ihr meine Absicht so hochgradigen Widerwillen einflöße, erklärte sie mir zögernd, es wäre ihr geradezu unheimlich, einen Luxus zu genießen, der aus Not und Jammer unterdrückter Mitgeschöpfe erwachsen. „Mir würde zu Mute" — so meinte sie — „als ob ich Menschenfleisch genießen müßte; so wenig eine in Europa aufgewachsene Frau es ertragen könnte, wenn in ihren Hausstand eine Anzahl fetter Menschen eingeschlachtet würde, ebensowenig kann ich, die ich seit meiner Kindheit Freilands Luft geatmet, es vertragen, etwas zu genießen, was entstanden ist, indem menschliche Geschöpfe durch Überanstrengung und Entbehrung zu Tode gehetzt wurden."

Und dabei blieb es; auch der Rest meines in Europa von meinen Vorfahren nach den dortigen Begriffen „redlich erworbenen" Vermögens ist in die Kasse der freiländischen Behörde für auswärtige Angelegenheiten gewandert, welche derartige Einzahlungen reicher Genossen — in Verbindung natürlich mit den zu gleichen Zwecken aufgewendeten Mitteln unseres Gemeinwesens — dazu benützt, um stets größeren und größeren Massen ausländischer Proletarier die Übersiedelung nach Freiland zu ermöglichen.

Ende.

Inhaltsverzeichnis.